高等院校会计专业（新准则）通用规划教材

ERP系统上机实训案例

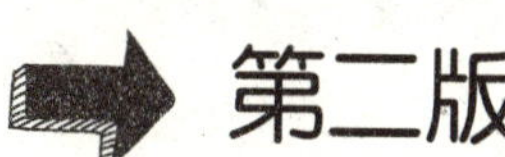
第二版

李佳民　宋云雁　主　编
张秋艳　梁铁宇　副主编

上海财经大学出版社
SHANGHAI UNIVERSITY OF FINANCE & ECONOMICS PRESS

图书在版编目(CIP)数据

ERP系统上机实训案例/李佳民,宋云雁主编.—2版.—上海:上海财经大学出版社,2016.8

高等院校会计专业(新准则)通用规划教材

ISBN 978-7-5642-2463-9/F·2463

Ⅰ.①E… Ⅱ.①李…②宋…③张…④梁… Ⅲ.①企业管理-计算机管理系统-高等学校-教材 Ⅳ.①F270.7

中国版本图书馆CIP数据核字(2016)第114985号

□ 责任编辑 顾晨溪
□ 封面设计 杨雪婷

ERP XITONG SHANGJI SHIXUN ANLI

ERP系统上机实训案例

(第二版)

李佳民 宋云雁 主 编

张秋艳 梁铁宇 副主编

上海财经大学出版社出版发行

(上海市武东路321号乙 邮编200434)

网 址:http://www.sufep.com

电子邮箱:webmaster @ sufep.com

全国新华书店经销

上海华教印务有限公司印刷装订

2016年8月第1版 2016年8月第1次印刷

787mm×1092mm 1/16 12.25印张 297千字

印数:6 001—10 000 定价:37.00元

(本教材附光盘一张)

第二版前言

企业信息化的全面推进，引发了企业对 ERP 应用人才的迫切需求。在 ERP 应用型人才的培养过程中，实践技能的教学和实训越来越受到重视，其中实训案例的设计和编写对于 ERP 的理解和应用尤为重要。案例本身既要仿真模拟企业实际经济业务的运行，又要能够突出对 ERP 软件主要功能和应用方法的训练。现有国内同类实训案例教程很多，但大多都停留在财务链系统的应用上，供应链业务涉及不多，尤其是财务业务一体化思想体现不足，案例深度、广度不够，典型性不强，缺乏对 ERP 系统总体实施过程的模拟和演练，不能满足高等院校经管类本科应用型人才培养的教学需要。为此，我们组织了具有丰富实践教学经验的教师，结合多年教学中应用的成熟案例，经过精心设计与完善，编写了本实训案例。

《ERP 系统上机实训案例》主要分为两大部分：

第一部分以 ERP 系统软件功能实训为主，以"用友 T6 版"为实验平台(也适用于其他版本)，总体设计与配套教材《会计信息系统教程》和《ERP 知识与供应链应用》的章节基本对应，主要用于 ERP 软件财务链和供应链的分阶段实训。在学习掌握财务链系统和供应链系统的基本工作原理和方法后，就可以在教师的指导下，选择本案例中对应的实验模块进行实习训练，同时也可以进行案例整体训练。另外，还以"管家婆辉煌版"为实验平台，给出了一套定位于中小企业"进销存财务管理一体化"软件的实训案例，让学生进一步理解不同层次定位的管理软件所蕴含的不同的应用思想和应用流程。

第二部分以 ERP 系统的模拟实施设计为主，所给案例从企业经营管理的角度出发，模拟一个会计主体、一个会计期间内发生的日常经济业务，要求学生在充分分析企业业务特点及管理需求的基础上，设计企业信息化解决方案并付诸实施，从而深刻地理解企业是如何通过企业购销存业务管理、会计核算和财务管理的一体化，达到企业资金流、物流和信息流一体化的管理目标。同时，也有效地训练学生综合处理问题的能力和培养团队协作精神。

本教材在第一版的使用中取得了很好的实践教学效果。在二版修订中我们主要修订的内容包括：第一部分案例资料和答案数据进行了修改和调整，补充了一些软件功能的训练要求。第二部分综合实训案例资料的表述形式做了较大的修改，由仿真的账簿、卡片、流程图等代替原来的数据表格，增加了学生案例设计的真实感和难度，从而进一步加强对学生独立思考和综合分析设计能力的训练。

本教材所附光盘中提供了实训案例各个实验阶段所需的实验准备账套，并且不同进度的账套给出不同的账套编号以便于演示切换，方便教师的教学指导和学生的专项练习，提高实训的灵活性和实效性。另外，光盘中还含有配套教材所用案例的分阶段演示账套。

案例实验所需教学版软件安装程序可以到相应网站下载，或者与上海财经大学出版社沟通，也可以与编者联系，邮箱地址：zhangqiuyan1970@163.com。

本书由吉林工商学院李佳民和宋云雁编审定稿，由张秋艳负责总体规划设计。用友实训案例部分由李佳民和张秋艳设计完成，"管家婆"实训案例部分由宋云雁设计完成，ERP 模拟实施综合案例部分由梁铁宇设计完成。在案例设计与账套制作过程中得到了李长山、杨颖老师的协助，在此表示感谢！

由于作者水平有限，疏漏之处在所难免，敬请读者批评指正。

编　者

2016 年 8 月

目　录

第一章　用友ERP软件上机实训案例

本实训案例总体设计与配套教材《会计信息系统教程》和《ERP知识与供应链应用》章节基本对应，主要用于ERP软件财务链和供应链部分的分阶段实训。在学习掌握财务链系统和供应链系统的基本工作原理和方法后，就可以在教师的指导下，选择本案例中对应的实验模块进行实习训练。为方便教学实验指导和学生专项练习，光盘中还提供了本案例各个实验阶段所需的实验准备账套和实验结果账套。

● 案例实训目标

通过本案例实训，既能熟练掌握财务及管理软件的基本操作过程和操作技能，又能促进学生对会计信息系统和企业管理信息系统理论知识的理解，从而掌握ERP软件的整体功能结构和运行特点，进一步理解计算机环境下企业财务及管理信息的处理方式，提高学生对企业财务及综合业务的加工处理能力。

● 案例应用环境

本案例是以用友ERP企业管理软件为应用平台设计编写的，适用于用友软件的T3、T6、U8等多个版本。在应用前必须配置应用环境，先安装SQL server数据库，再安装用友ERP企业管理软件。具体安装过程参见《会计信息系统教程》或所附光盘说明。

● 案例设计说明

(1)本案例是以一个核算主体的经营业务活动贯穿始终，通过真实企业的业务内容和流程进行典型设计和构造，系统、全面地展开对财务链系统和供应链系统主要功能模块的训练，尤其是供应链系统的业务案例非常实用、典型，改变了一般实训案例按子系统功能展开的思路，从而以企业实际业务的发生和处理过程为主线，便于学生对系统的整体把握和应用。

(2)因为本案例是一个连续、完整的企业业务，每次练习都需要前期数据和档案的支撑，所以为满足教师授课和学生阶段练习的需要，我们根据软件功能和教学进度，合理地划分了实验内容，制作了若干个不同进度的账套，使得学生可以自如地操作任何一个训练任务。同时，为了满足教师在不同进度账套之间进行切换操作的需要，我们还特意给每个不同进度的账套设置了不同的账套编号，这样在系统中就可以同时引入多个账套。如文件夹"T03－期初科目余额平衡"，表明该账套的编号为003且期初科目余额已经录入平衡，从而提高教学时间的有效利用，提高实训的灵活性和实效性。

(3)案例中还按实验进度给出了标准的实验结果和答案账套，便于学生对比参照，找出错误，进行账套修改。由于系统间联系密切、功能模块间流程关系复杂，系统选项、基础档案控制后续业务，因而促使学生在修改、纠正的过程中全面地理解和掌握系统的数据处理流程和业务处理流程。

(4)考虑到不同专业、不同教学对象的教学学时的不同，案例在每个实验的划分上尽可能保持独立，便于满足不同训练要求的实验组合。

● 案例使用要求

在应用本案例前，一定要先熟读案例，掌握案例企业的总体概况和具体业务内容，对企业有一个全局性的了解(因重点考虑到软件功能的训练，所以个别案例的数据不够客观、合理)。

在处理案例每个系统业务时，要先熟悉该子系统的功能管理目标和业务处理过程，然后进行计算机处理，同时比对手工处理的异同，在实验训练中加强对理论知识的理解。

要做好账套的备份和恢复操作，注意病毒的防范和查杀，保证账套数据的安全和完整。

要阶段性地与实验结果进行核对，保证整个案例最终处理结果的正确性。

● 案例实训建议课时

本案例通常配合实验指导课程展开，理论讲授和上机实训建议90～100课时，其中上机实验时间安排如下：

实验题目	实验内容	实验课时
实验一至实验二	账套建立和初始公共档案	4
实验三至实验五	总账系统	10
实验六	报表编制	2
实验七	工资管理	4
实验八	固定资产管理	2
实验九至实验十一	供应链系统初始化	6
实验十二	采购管理	4
实验十三	应付款管理	2
实验十四	库存管理	2
实验十五	销售管理	4
实验十六	应收款管理	2
实验十七	存货核算	2
实验十八	系统期末业务	4
合　计		48学时

实验一　建立账套

实验目的

1. 掌握建立账套的操作流程和设置操作员及权限的方法。
2. 理解账套管理、启用系统、编码方案等相关概念。
3. 掌握系统管理员和账套主管两种身份权限的差异。

实验要求

1. 登录[系统管理平台]。

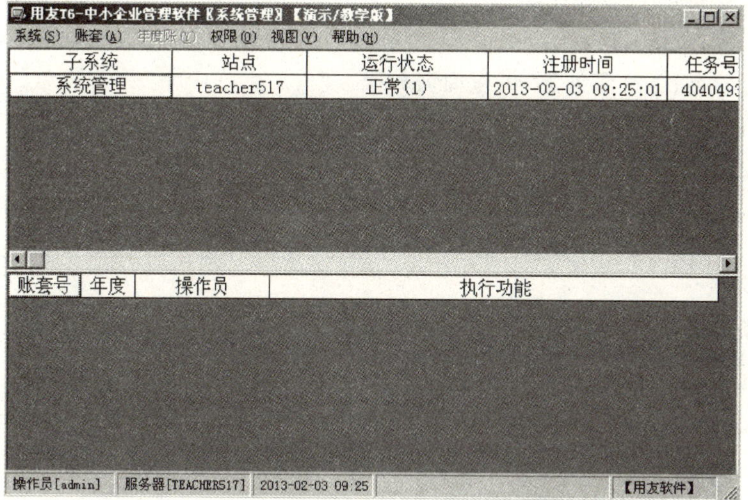

2. 增加用户。
3. 建立账套、启用系统。
4. 设置用户权限。

实验资料

一、系统现有操作用户

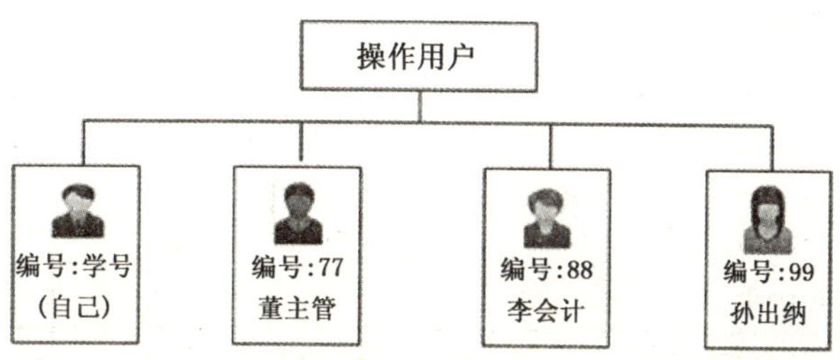

二、公司建账信息

1. 账套号:学号
2. 账套名称:班级+姓名
3. 启用会计期(Y): 2009 3
4. 单位名称:北京市医药股份公司(简称:北京医药)
5. 单位地址:北京市朝阳区
6. 法定代表:严研浩
7. 税号:1234567890
8. 本币代码:人民币
9. 企业类型:工业
10. 行业性质(K): 2007年新会计准则科目
11. 账套主管:董主管
12. 存货需分类、客户需分类、供应商需分类
    有外币核算
13. 分类编码方案

项　目	编码级次			
科目编码级次	4	2	2	2
客户分类编码级次	1	2		
供应商分类编码级次	1	1		
存货分类编码级次	1	2	2	
部门编码级次	2	2	2	
地区分类编码级次	1	2	2	
结算方式编码级次	1	2		
货位编码级次	2	2	2	
收发类别编码级次	1	2		

14. 换算率小数位数为3位,其余小数位数均为2位

三、启用下列系统

启用系统名称	启用时间
总账	2009—03—01
工资管理	2009—03—01
固定资产	2009—03—01
采购管理	2009—03—01

续表

启用系统名称	启用时间
库存管理	2009－03－01
销售管理	2009－03－01
存货核算	2009－03－01
应收款管理	2009－03－01
应付款管理	2009－03－01

四、用户权限设置

用户编号	姓　名	权　限
学号	（自己姓名）	账套主管
77	董主管	账套主管
88	李会计	负责公共单据、公用目录、应收、应付、总账、工资、固定资产
99	孙出纳	负责总账中的出纳工作

五、账套管理

1. 以 Admin 系统管理员身份登录“系统管理”控制台面，练习【输出】账套、【引入】账套、【删除】账套等操作。

2. 以 账套主管 身份登录“系统管理”控制台面，练习【修改】账套的操作。

实验二 公共基础档案

实验目的

1. 掌握企业门户的登录操作。
2. 掌握公共基础档案设置的操作方法。
3. 理解基础档案设置的作用和目的。

实验要求

1. 登录企业门户(用自己姓名编号登录)。

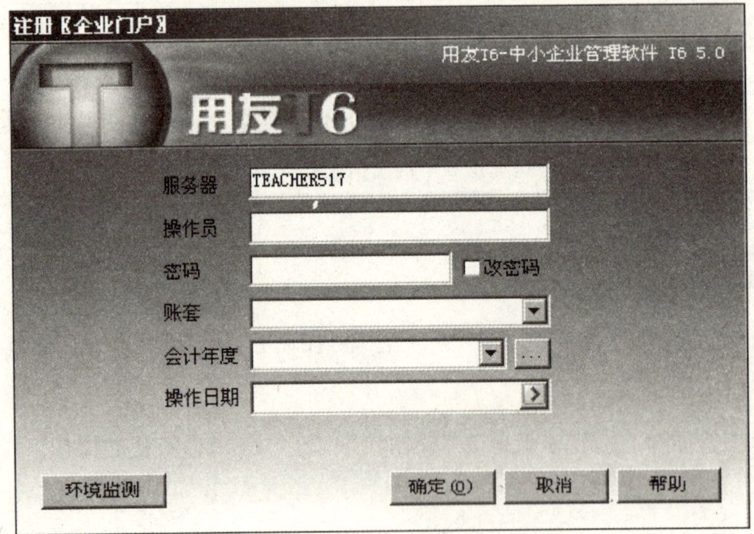

2. 录入公共基础档案

注意:登录时操作员事先设置权限,用操作员编码进行登录比较快捷。

实验资料

一、机构设置

1. 部门档案

注意:如出现"**编码与原则不符**"的提示,在"设置"—"编码方案"菜单中进行修改。

序 号	部门编码	部门名称	部门属性	地 址
1	01	总经理办公室	管理部门	红星大厦501号
2	02	财务处	管理部门	红星大厦502号
3	03	人事处	管理部门	红星大厦503号

续表

序　号	部门编码	部门名称	部门属性	地　址
4	04	行政科	管理部门	
5	05	质量部	管理部门	
6	06	销售部	销售部门	
7	0601	东北办事处		
8	0602	华北办事处		
9	0603	华东办事处		
10	060301	华东销售部		
11	060302	华东包装部		
12	060303	华东办事部		
13	0604	华南办事处		
14	0605	西北办事处		
15	0606	西南办事处		
16	07	储运部	运输部门	
17	0701	药品库房		
18	0702	运输组		
19	08	采购部	采购部门	
20	0801	材料采购一部		
21	0802	材料采购二部		
22	0803	材料采购三部		
23	09	生产部	生产部门	
24	0901	药品生产		
25	090101	片剂车间		
26	090102	针剂车间		
27	090103	胶囊车间		
28	0902	动力车间		
29	10	第一项目部	工程部门	
30	11	贸易部	贸易部门	
31	1101	内贸一科		红星大厦 601 室
32	1102	内贸二科		红星大厦 602 室
33	1111	外贸		
34	12	机加车间	生产部门	

2. 职员档案

职员编码	职员姓名	部门名称	职员属性
001	严研浩	总经理办公室	负责人
002	董主管	财务处	负责人
003	孙出纳	财务处	财务人员
004	李会计	财务处	财务人员
005	张　华	人事处	负责人
006	陆　杰	人事处	管理人员
007	陈绍卿	行政科	负责人
008	赵　亮	行政科	管理人员
009	孙　刚	质量部	负责人
010	李　睛	质量部	业务人员
011	李　飞	东北办事处	销售负责人
012	王　明	华北办事处	销售人员
013	苏　宁	华南办事处	销售人员
014	梁学峰	药品库房	负责人
015	许灵立	药品库房	管理人员
016	王安东	运输组	负责人
017	王海波	运输组	管理人员
018	靳　希	材料采购一部	负责人
019	王海洋	材料采购一部	业务人员
020	孙涛强	材料采购一部	业务人员
021	郭治国	材料采购二部	负责人
022	鲁之强	材料采购二部	业务人员
023	柳莉莉	材料采购二部	业务人员
024	杨明亮	材料采购三部	负责人
025	鲁尔东	针剂车间	负责人
026	李江强	针剂车间	生产工人
027	孙　皓	针剂车间	生产工人
028	赵　雷	第一项目部	项目负责人
029	石　静	内贸一科	负责人
030	钱有量	内贸一科	业务人员
031	杨　阳	内贸一科	业务人员
032	孙　洲	内贸二科	负责人
033	刘　刚	内贸二科	业务人员

3. 设置部门负责人

部门编码	部门名称	负责人姓名
01	总经理办公室	严研浩
02	财务处	董主管
03	人事处	张　华
04	行政科	陈绍卿
05	质量部	孙　刚
06	销售部	李　飞
07	储运部	梁学峰
08	采购部	靳　希
09	生产部	鲁尔东
10	第一项目部	赵　雷
11	贸易部	石　静
12	机加车间	鲁尔东

二、收付结算

1. 结算方式

序　号	结算方式编码	结算方式名称	是否票据管理
1	1	现金	
2	2	支票	√
3	201	现金支票	√
4	202	转账支票	√
5	3	银行汇票	
6	4	商业汇票	
7	401	银行承兑汇票	
8	402	商业承兑汇票	
9	5	汇兑	
10	501	信汇	
11	502	电汇	
12	6	其他	

2. 付款条件

付款条件编码	付款条件名称	信用天数	优惠天数1	优惠率1	优惠天数2	优惠率2	优惠天数3	优惠率3
01	2/5,n/30	30	5	2				
02	4/5,2/15,n/60	60	5	4	15	2		
03	4/5,2/20,1/45,n/90	90	5	4	20	2	45	1

3. 开户银行

开户银行编码	开户银行名称	银行账号	暂封标志
01	中国工商银行北京市分行海淀支行	0106001－87654321	否
02	中国建设银行北京市分行海淀支行	0102058－12345678	否
03	中国建设银行北京市分行海淀支行	0102057－23456789	否

三、业务相关信息

发运方式

发运方式编码	发运方式名称
01	公路
02	铁路
03	空运
04	海运
05	邮寄
06	自提
07	其他

四、往来单位

1. 地区分类

序　号	类别编码	类别名称
1	1	华北
2	111	北京
3	112	天津
4	113	河北
5	11301	石家庄
6	2	东北
7	221	黑龙江

续表

序　号	类别编码	类别名称
8	22101	哈尔滨
9	222	吉林
10	22201	长春
11	223	辽宁
12	22301	沈阳
13	3	华东
14	331	上海
15	332	江苏
16	33201	南京
17	334	安徽
18	33401	合肥
19	4	华南
20	443	湖南
21	44301	长沙

2. 客户分类

序　号	分类编码	分类名称
1	1	医院
2	111	华北
3	112	东北
4	113	华东
5	114	华南
6	115	西南
7	116	西北
8	117	市内
9	2	公司
10	221	华北
11	222	东北
12	223	华东
13	224	华南
14	225	西南
15	226	西北
16	227	市内
17	3	药店

续表

序　号	分类编码	分类名称
18	331	市内
19	332	市外
20	4	其他
21	5	出口

3. 客户档案

序号	客户编码	客户简称	所属分类	所属地区	税号	开户银行	银行账号	专营业务员	付款条件编码	发货方式名称	分管部门名称
1	010	北京昌德医药	221	北京	1111	中国工行	1111	石静	01	公路	内贸一科
2	011	康泰大药房	331	北京	2222	中国建行	2222	石静	02	公路	内贸一科
3	012	安宁医药大厦	331	天津	3333	中国工行	3333	杨阳	03	铁路	内贸一科
4	013	普净医药商场	332	天津	4444	中国农行	4444	杨阳	02	铁路	内贸一科
5	014	长寿医药研究所	4	上海	5555	中国银行	5555	刘刚	02	邮寄	内贸二科
6	015	零散客户	4	北京				石静		自提	内贸一科
7	016	北京上地医院	117	北京	6666	中国建行	6666	石静	02	公路	内贸一科
8	017	北京五环医院	117	北京	7777	中国建行	7777	石静		公路	内贸一科

4. 供应商分类

序　号	分类编码	分类名称
1	1	原料供应商
2	11	主料
3	12	辅料
4	13	包装物
5	2	药品供应商
6	21	厂家
7	22	公司
8	23	进口
9	24	其他
10	3	其他

5. 供应商档案

供应商码	供应商简称	所属分类码	所属地区	税号	开户银行	银行账号	专营业务员	到货方式	分管部门名称
01	北京通人康制药	11	北京	123450	北京建设朝阳支行	0101－12345	靳　希	公路	采购一部
02	吉林江人制药厂	11	长春	234560	吉林龙潭工商支行	0202－12345	王海洋	铁路	采购一部
03	河北第三制药厂	11	石家庄	345670	河北兴华建设支行	0303－12345	孙涛强	公路	采购一部
04	天津五洲制药厂	21	天津	456780	天津光明工商支行	0404－12345	石　静	公路	内贸一科
05	辽宁制药八厂	21	沈阳	567890	辽宁万福建设支行	0505－12345	石　静	铁路	内贸一科
06	南京制药厂	21	南京	678910	南京华梅建设支行	0565－12345	石　静	公路	内贸一科
07	上海制药公司	12	上海	135790	上海中山工商支行	0606－12345	鲁之强	公路	采购二部
08	长沙江口制药	12	长沙	246800	长沙市工商银行	0707－12345	鲁之强	铁路	采购二部
09	黑龙江第三制药	12	哈尔滨	112233	哈尔滨工商银行	0898－12345	柳莉莉	铁路	采购二部
10	南京佳德制药	22	南京	223344	南京市建设银行	0808－12345	钱有量	公路	内贸一科
11	北京海中王药业	22	北京	334455	北京海淀工商支行	0909－12345	钱有量	公路	内贸一科
12	上海百乐包装厂	13	上海	445566	上海虹口建设银行	1212－12345	杨明亮	公路	采购三部
13	吉林新特药所	24	长春	556677	吉林昌邑工商支行	1313－12345	刘　刚	铁路	内贸二科

实验三　总账系统——初始化

实验目的

1. 掌握总账系统参数设置、基础档案及期初余额的录入方法。
2. 掌握总账系统初始化应用的思路和流程。
3. 理解总账系统参数设置的作用和基础档案设置的方法。

实验要求

1. 录入总账基础档案。
2. 设置总账选项。
3. 录入科目期初余额。

注意：按要求进行会计科目辅助核算项的设置。

实验资料

一、总账基础档案

1. 外币设置

注意：先输入外币名称，点击【确认】后，再输入 2009 年 3 月份记账汇率。

外币名称	币　符	记账汇率	调整汇率
美元	USD	6.790	6.81
英镑	UKP	13.21	13.15
港币	HKD	1.061	1.07

2. 会计科目设置

(1)指定 1001 是 ⊙ 现金总账科目。

(2)指定 1002 是 ⊙ 银行总账科目。

(3)增加各级明细科目，注意“外币币种”和“辅助核算”项的设置。

(4)因委托代销业务核算需要，增加“1409—委托代销商品”一级科目。

(5)修改“1123—预付账款”科目的辅助核算项为“供应商往来”。

(6)修改“应付账款——暂估应付款”(220203)科目，不受控于“应付系统”。

级次	类型	科目编码	科目名称	外币币种	辅助账类型	余额方向
	资产	1001	库存现金		日记账	借
	资产	1002	银行存款		日记账、银行账	借
2	资产	100201	—工行		日记账、银行账	借

续表

级次	类型	科目编码	科目名称	外币币种	辅助账类型	余额方向
3	资产	10020101	—工行——人民币		日记账、银行账	借
3	资产	10020102	—工行——美元	美元	日记账、银行账	借
3	资产	10020103	—工行——英镑	英镑	日记账、银行账	借
2	资产	100202	—建行		日记账、银行账	借
3	资产	10020201	—建行——人民币		日记账、银行账	借
3	资产	10020202	—建行——港币	港币	日记账、银行账	借
	资产	1003	存放中央银行款项			借
	资产	1011	存放同业			借
	资产	1012	其他货币资金			借
2	资产	101201	—外埠存款			借
2	资产	101202	—银行本票			借
2	资产	101203	—银行汇票			借
2	资产	101204	—信用卡			借
2	资产	101205	—信用证保证金			借
2	资产	101206	—存储投资款			借
	资产	1021	结算备付金			借
	资产	1031	存出保证金			借
	资产	1101	交易性金融资产			借
2	资产	110101	—成本			借
2	资产	110102	—公允价值变动			借
	资产	1111	买入返售金融资产			借
	资产	1121	应收票据			借
2	资产	112101	—商业承兑汇票		客户往来	借
2	资产	112102	—银行承兑汇票		客户往来	借
	资产	1122	应收账款			借
2	资产	112201	—应收人民币		客户往来	借
2	资产	112202	—应收美元	美元	客户往来	借
2	资产	112203	—应收港币	港币	客户往来	借
	资产	1123	预付账款		供应商往来	借
	资产	1131	应收股利			借
	资产	1132	应收利息			借
	资产	1201	应收代位追偿款			借

续表

级次	类型	科目编码	科目名称	外币币种	辅助账类型	余额方向
	资产	1211	应收分保账款			借
	资产	1212	应收分保合同准备金			借
	资产	1221	其他应收款			借
2	资产	122101	—其他部门应收款		部门核算	借
2	资产	122102	—其他个人应收款		个人往来	借
	资产	1231	坏账准备			贷
	资产	1301	贴现资产			借
	资产	1302	拆出资金			借
	资产	1303	贷款			借
	资产	1304	贷款损失准备			贷
	资产	1311	代理兑付证券			借
	资产	1321	代理业务资产			借
	资产	1401	材料采购			借
	资产	1402	在途物资			借
	资产	1403	原材料			借
	资产	1404	材料成本差异			借
	资产	1405	库存商品			借
2	资产	140501	—自制库存商品			借
2	资产	140502	—外购库存商品			借
	资产	1406	发出商品			借
	资产	1407	商品进销差价			贷
	资产	1408	委托加工物资			借
*	资产	1409	委托代销商品			借
	资产	1411	周转材料			借
2	资产	141101	—包装物			借
2	资产	141102	—低值易耗品			借
	资产	1421	消耗性生物资产			借
	资产	1431	贵金属			借
	资产	1441	抵债资产			借
	资产	1451	损余物资			借
	资产	1461	融资租赁资产			借
	资产	1471	存货跌价准备			贷

续表

级次	类型	科目编码	科目名称	外币币种	辅助账类型	余额方向
	资产	1501	持有至到期投资			借
	资产	1502	持有至到期投资减值准备			贷
	资产	1503	可供出售金融资产			借
	资产	1511	长期股权投资			借
2	资产	151101	—成本			借
2	资产	151102	—损益调整			借
2	资产	151103	—其他权益变动			借
	资产	1512	长期股权投资减值准备			贷
	资产	1521	投资性房地产			借
	资产	1531	长期应收款			借
	资产	1532	未实现融资收益			贷
	资产	1541	存出资本保证金			借
	资产	1601	固定资产			借
	资产	1602	累计折旧			贷
	资产	1603	固定资产减值准备			贷
	资产	1604	在建工程			借
	资产	1605	工程物资			借
	资产	1606	固定资产清理			借
	资产	1611	未担保余值			借
	资产	1621	生产性生物资产			借
	资产	1622	生产性生物资产累计折旧			贷
	资产	1623	公益性生物资产			借
	资产	1631	油气资产			借
	资产	1632	累计折耗			贷
	资产	1701	无形资产			借
2	资产	170101	—专利权			借
2	资产	170102	—非专利技术			借
2	资产	170103	—商标权			借
2	资产	170104	—著作权			借
2	资产	170105	—土地使用权			借
2	资产	170106	—特许权			借
	资产	1702	累计摊销			贷

续表

级次	类型	科目编码	科目名称	外币币种	辅助账类型	余额方向
	资产	1703	无形资产减值准备			贷
	资产	1711	商誉			借
	资产	1801	长期待摊费用			借
	资产	1811	递延所得税资产			借
	资产	1821	独立账户资产			借
	资产	1901	待处理财产损溢			借
2	资产	190101	—待处理流动资产损溢			借
2	资产	190102	—待处理固定资产损溢			借
	负债	2001	短期借款			贷
	负债	2002	存入保证金			贷
	负债	2003	拆入资金			贷
	负债	2004	向中央银行借款			贷
	负债	2011	吸收存款			贷
	负债	2012	同业存放			贷
	负债	2021	贴现负债			贷
	负债	2101	交易性金融负债			贷
	负债	2111	卖出回购金融资产款			借
	负债	2201	应付票据			贷
2	负债	220101	—商业承兑汇票		供应商往来	贷
2	负债	220102	—银行承兑汇票		供应商往来	贷
	负债	2202	应付账款			贷
2	负债	220201	—应付供应商		供应商往来	贷
2	负债	220202	—应付项目		供应商往来	贷
2	负债	220203	—暂估应付款		供应商往来	贷
	负债	2203	预收账款			贷
2	负债	220301	—预收人民币		客户往来	贷
2	负债	220302	—预收美元	美元	客户往来	贷
	负债	2211	应付职工薪酬			贷
2	负债	221101	—工资			贷
2	负债	221102	—职工福利			贷
2	负债	221103	—社会保险费			贷
2	负债	221104	—住房公积金			贷

续表

级次	类型	科目编码	科目名称	外币币种	辅助账类型	余额方向
2	负债	221105	—工会经费			贷
2	负债	221106	—职工教育经费			贷
2	负债	221107	—非货币性福利			贷
	负债	2221	应交税费			贷
2	负债	222101	—应交增值税			贷
3	负债	22210101	—进项税额			贷
3	负债	22210102	—已交税金			贷
3	负债	22210103	—转出未交增值税			贷
3	负债	22210104	—减免税额			贷
3	负债	22210105	—销项税额			贷
3	负债	22210106	—出口退税			贷
3	负债	22210107	—进项税额转出			贷
3	负债	22210108	—转出多交增值税			贷
2	负债	222102	—未交增值税			贷
2	负债	222103	—应交营业税			贷
2	负债	222104	—应交城市维护建设税			贷
2	负债	222105	—应交资源税			贷
2	负债	222106	—应交所得税			贷
2	负债	222107	—应交土地增值税			贷
2	负债	222108	—应交教育费附加			贷
2	负债	222109	—应交个人所得税			贷
2	负债	222110	—应交消费税			贷
	负债	2231	应付利息			贷
	负债	2232	应付股利			贷
	负债	2241	其他应付款			贷
2	负债	224101	—其他个人应付款			贷
2	负债	224102	—备用金存款			贷
	负债	2251	应付保单红利			贷
	负债	2261	应付分保账款			贷
	负债	2311	代理买卖证券款			贷
	负债	2312	代理承销证券款			贷
	负债	2313	代理兑付证券款			贷

续表

级次	类型	科目编码	科目名称	外币币种	辅助账类型	余额方向
	负债	2314	代理业务负债			贷
	负债	2401	递延收益			贷
	负债	2501	长期借款			贷
2	负债	250101	一本金			贷
2	负债	250102	一利息调整			贷
	负债	2502	应付债券			贷
2	负债	250201	一面值			贷
2	负债	250202	一利息调整			贷
2	负债	250203	一应计利息			贷
	负债	2601	未到期责任准备金			贷
	负债	2602	保险责任准备金			贷
	负债	2611	保户储金			贷
	负债	2621	独立账户负债			借
	负债	2701	长期应付款			贷
	负债	2702	未确认融资费用			借
	负债	2711	专项应付款			贷
	负债	2801	预计负债			贷
	负债	2901	递延所得税负债			贷
	共同	3001	清算资金往来			借
	共同	3002	货币兑换			借
	共同	3101	衍生工具			借
	共同	3201	套期工具			借
	共同	3202	被套期项目			借
	权益	4001	实收资本			贷
	权益	4002	资本公积			贷
2	权益	400201	一资本溢价			贷
2	权益	400202	一其他资本公积			贷
	权益	4101	盈余公积			贷
	权益	4102	一般风险准备			贷
	权益	4103	本年利润			贷
	权益	4104	利润分配			贷
2	权益	410401	一弥补以前年度亏损			贷

续表

级次	类型	科目编码	科目名称	外币币种	辅助账类型	余额方向
2	权益	410402	—提取盈余公积			贷
2	权益	410403	—应付利润			贷
2	权益	410405	—未分配利润			贷
	权益	4201	库存股			借
	成本	5001	生产成本			借
2	成本	500101	—基本生产成本			借
3	成本	50010101	—人工费		部门核算	借
3	成本	50010102	—制造费		部门核算	借
3	成本	50010103	—材料费		部门核算	借
3	成本	50010104	—其他费		部门核算	借
3	成本	50010105	—辅助费		部门核算	借
3	成本	50010106	—转出完工产品		部门核算	借
2	成本	500102	—辅助生产成本			借
3	成本	50010201	—修理费			借
3	成本	50010202	—电费			借
	成本	5101	制造费用			借
2	成本	510101	—折旧费		部门核算	借
2	成本	510102	—管理人员工资		部门核算	借
	成本	5201	劳务成本			借
	成本	5301	研发支出			借
2	成本	530101	—费用化支出			借
2	成本	530102	—资本化支出			借
	成本	5401	工程施工			借
	成本	5402	工程结算			贷
	成本	5403	机械作业			借
	损益	6001	主营业务收入			贷
	损益	6011	利息收入			贷
	损益	6021	手续费及佣金收入			贷
	损益	6031	保费收入			贷
	损益	6041	租赁收入			贷
	损益	6051	其他业务收入			贷
	损益	6061	汇兑损益			贷

续表

级次	类型	科目编码	科目名称	外币币种	辅助账类型	余额方向
	损益	6101	公允价值变动损益			贷
	损益	6111	投资收益			贷
	损益	6201	摊回保险责任准备金			贷
	损益	6202	摊回赔付支出			贷
	损益	6203	摊回分保费用			贷
	损益	6301	营业外收入			贷
2	损益	630101	—非流动资产处置利得			贷
2	损益	630102	—其他			贷
	损益	6401	主营业务成本			借
	损益	6402	其他业务成本			借
	损益	6403	营业税金及附加			借
2	损益	640301	—营业税			借
2	损益	640302	—消费税			借
2	损益	640303	—资源税			借
2	损益	640304	—城市维护建设税和教育费附加			借
	损益	6411	利息支出			借
	损益	6421	手续费及佣金支出			借
	损益	6501	提取未到期责任准备金			借
	损益	6502	提取保险责任准备金			借
	损益	6511	赔付支出			借
	损益	6521	保单红利支出			借
	损益	6531	退保金			借
	损益	6541	分出保费			借
	损益	6542	分保费用			借
	损益	6601	销售费用			借
2	损益	660101	—产品展览费			借
2	损益	660102	—广告费			借
2	损益	660103	—工资			借
2	损益	660104	—折旧费			借
	损益	6602	管理费用			借
2	损益	660201	—差旅费		部门核算	借
2	损益	660202	—人工费		部门核算	借

续表

级次	类型	科目编码	科目名称	外币币种	辅助账类型	余额方向
2	损益	660203	—折旧费		部门核算	借
2	损益	660204	—财产保险费			借
2	损益	660205	—无形资产摊销			借
2	损益	660206	—福利费			借
2	损益	660207	—工会经费			借
2	损益	660208	—社保费			借
2	损益	660209	—住房公积金			借
2	损益	660210	—教育费附加			借
	损益	6603	财务费用			借
	损益	6604	勘探费用			借
	损益	6701	资产减值损失			借
2	损益	670101	—计提的坏账准备			借
2	损益	670102	—计提的存货跌价准备			借
2	损益	670103	—计提的长期股权投资减值准备			借
2	损益	670104	—计提的固定资产减值准备			借
2	损益	670105	—计提的无形资产减值准备			借
	损益	6711	营业外支出			借
2	损益	671101	—非流动资产处置损失			借
2	损益	671102	—非常损失			借
2	损益	671103	—捐赠支出			借
	损益	6801	所得税费用			借
	损益	6901	以前年度损益调整			借

3. 凭证类别

注意：英文半角状态下录入“,”号。

类别字	类别名称	限制类型	限制科目
收款	收款凭证	借方必有	1001,1002
付款	付款凭证	贷方必有	1001,1002
转账	转账凭证	凭证必无	1001,1002

二、总账参数设置

选项卡	参数要求
凭　证	凭证不进行序时控制 进行支票控制 进行资金及往来赤字控制 不可以使用应收受控科目 不可以使用应付受控科目 不可以使用存货受控科目 出纳凭证必须由出纳人员签字 凭证必须由会计主管签字 自动填补凭证断号
账簿	账簿打印时单价栏目宽度设为 15
其他	数量、单价小数位数设为 2

三、3 月份期初余额

1. 只需录入累计借方、累计贷方和期初余额，年初余额自动生成。
2. 辅助核算明细数据在本表后面，录入时双击“期初余额”单元格，在弹出窗口中录入。

科目名称	方向	币别	年初余额（自动计算）	累计借方	累计贷方	期初余额
库存现金(1001)	借		2 790.25			2 790.25
银行存款(1002)	借		1 067 160.00	96 800.00	100 000.00	1 063 960.00
工行(100201)	借		910 760.00	96 800.00	100 000.00	907 560.00
工行——人民币(10020101)	借		902 760.00	96 800.00	100 000.00	899 560.00
工行——美元 (10020102)	借		8 000.00			8 000.00
	借	美元	120.00			120.00
建行(100202)	借		156 400.00			156 400.00
建行——人民币(10020201)	借		156 400.00			156 400.00
交易性金融资产(1101)	借		300 000.00			300 000.00
成本(110101)	借		300 000.00			300 000.00
应收账款(1122)	借		2 854.80			2 854.80
应收人民币(112201)	借		2 854.80			2 854.80
其他应收款(1221)	借		2 000.00			2 000.00
其他个人应收款(122102)	借		2 000.00			2 000.00

续表

科目名称	方向	币别	年初余额（自动计算）	累计借方	累计贷方	期初余额
坏账准备(1231)	贷		14.27			14.27
材料采购(1401)	借		50.00			50.00
原材料(1403)	借		9 620.00	20 000.00		29 620.00
库存商品(1405)	借		27 463.00			27 463.00
自制库存商品(140501)	借		1 375.00			1 375.00
外购库存商品(140502)	借		26 088.00			26 088.00
委托代销商品(1409)	借		936.00			936.00
周转材料(1411)	借		70.00			70.00
包装物(141101)	借		70.00			70.00
存货跌价准备(1471)	贷		1 400.00			1 400.00
长期股权投资(1511)	借		600 000.00			600 000.00
成本(151101)	借		600 000.00			600 000.00
固定资产(1601)	借		9 187 788.31	20 000.00		9 207 788.31
累计折旧(1602)	贷		5 358 237.99		36 800.00	5 395 037.99
固定资产减值准备(1603)	贷		20 000.00			20 000.00
无形资产(1701)	借		24 000.00			24 000.00
专利权(170101)	借		24 000.00			24 000.00
长期待摊费用(1801)	借		36 000.00			36 000.00
交易性金融负债(2101)	贷		300 000.00			300 000.00
应付账款(2202)	贷		3 603.60			3 603.60
应付供应商(220201)	贷		1 380.60			1 380.60
暂估应付款(220203)	贷		2 223.00			2 223.00
应交税费(2221)	贷		124 876.50			124 876.50
应交增值税(222101)	贷		−8.50			−8.50
进项税额(22210101)	贷		−8.50			−8.50
未交增值税(222102)	贷		79 522.00			79 522.00
应交城市维护建设税(222104)	贷		5 566.00			5 566.00
应交所得税(222106)	贷		37 412.00			37 412.00
应交个人所得税(222109)	贷		2 385.00			2 385.00
长期借款(2501)	贷		1 000 000.00			1 000 000.00
本金(250101)	贷		1 000 000.00			1 000 000.00

续表

科目名称	方向	币别	年初余额（自动计算）	累计借方	累计贷方	期初余额
实收资本(4001)	贷		3 300 000.00			3 300 000.00
资本公积(4002)	贷		75 400.00			75 400.00
资本溢价(400201)	贷		75 400.00			75 400.00
盈余公积(4101)	贷		500 000.00			500 000.00
利润分配(4104)	贷		600 000.00			600 000.00
未分配利润(410405)	贷		600 000.00			600 000.00
生产成本(5001)	借		22 800.00			22 800.00
基本生产成本(500101)	借		22 800.00			22 800.00
材料费(50010103)	借		17 800.00			17 800.00
转出完工产品(50010106)	借		5 000.00			5 000.00

资产合计:5 903 880.10　　负债合计:1 428 480.10　　权益合计:4 475 400

- **期初辅助明细数据**

(1)应收账款——应收人民币(112201)

2009－02－26,北京上地医院前欠货款1 977.30元。

2009－02－27,长寿医药研究所欠货款877.50元。

(2)应付账款——应付供应商(220201)

2009－02－26,购买海中王公司药品,款项912.60元未付。

2009－02－27,购买江口制药药品,货款468元未付。

(3)其他应收款——其他应收个人款(122102)

2009－02－25,行政科赵亮借差旅费2 000元。

(4)应付账款——暂估应付款(220203)

2009－02－28,从新特研究所购入原材料——活性炭500千克,已入原材料库活性炭货位,发票未收到,暂估单价3.80元,价税合计为2 223元。

(5)生产成本——基本生产成本——材料费(50010103)　胶囊车间9 800元

针剂车间8 000元

(6)生产成本——基本生产成本——转出完工产品(50010106)　胶囊车间5 000元

实验四 总账系统——日常业务

实验目的

1. 熟悉总账系统业务处理操作流程。
2. 掌握凭证的录入、审核、出纳签字、记账以及银行对账等操作。
3. 灵活进行凭证和账表的查询。

实验要求

根据本月日常经济业务，进行如下账务处理：

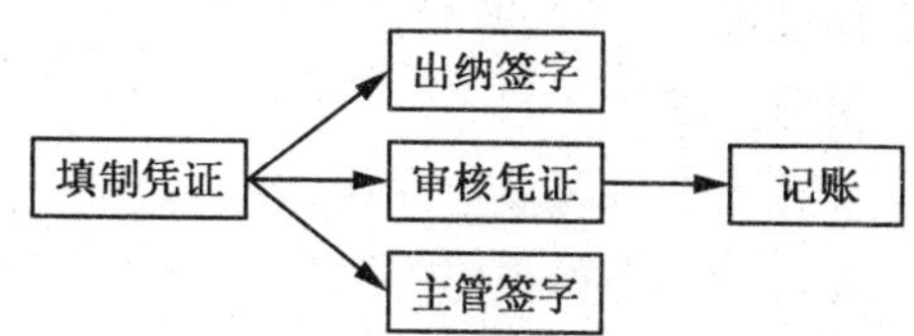

注意：

1. 审核不能和制单同为一人，主管不能和制单同为一人。
2. 依据涉及现金、银行存款的业务情况，正确判断凭证收、付、转类别。
3. 建议计算机时间调整为：2009－03－31。

实验资料

一、本月公司发生的日常经济业务

1. 填制凭证

(1)3 月 2 日，收到某公司交来的合同违约金 1 200 元。

借：库存现金(1001)　　1 200

　　贷：营业外收入——其他(630102)　　1 200

(2)先定义“常用凭证”：

借：库存现金(1001)

　　贷：银行存款——工行——人民币户(10020101)

再利用“常用凭证”填写业务凭证：3 月 2 日，出纳员孙出纳提取库存现金 3 000 元，使用工商银行现金支票(票号：5894)。

(3)3 月 2 日，收到丽阳公司 200 000 美元和人民币 8 000 000 元的投资，存入工商银行。

借：银行存款——工行——美元(10020102)　　(银行汇票号：2154)

　　银行存款——工行——人民币(10020101)　　(银行汇票号：2258)

　　贷：实收资本(4001)

(4)3 月 2 日，财务处李会计因出差借款 1 200 元。

借:其他应收款——其他个人应收款(122102) 1 200

贷:库存现金(1001) 1 200

(5)3 月 2 日，用工商银行存款支付产品展览费 15 000 元，广告费 13 000 元。

借:销售费用——产品展览费(660101) 15 000

销售费用——广告费(660102) 13 000

贷:银行存款——工行——人民币(10020101) 28 000 (转账支票号:7788)

(6)3 月 10 日，财务处购买账簿 800 元。

借:财务费用(6603) 800

贷:库存现金(1001) 800

(7)3 月 10 日，鲁尔东领用工商银行支票支付动力车间修理费用 6 000 元，电费 8 654 元。

借:辅助生产成本——修理费用(50010201) 6 000

辅助生产成本——电费(50010202) 8 654

贷:银行存款——工行——人民币(10020101) 6 000 (转账支票号:5588)

银行存款——工行——人民币(10020101) 8 654 (转账支票号:5216)

(8)3 月 13 日，报销差旅费，总经理办公室 2 000 元，财务处 500 元，人事处 560 元。

借:管理费用——差旅费(660201) 2 000

管理费用——差旅费(660201) 500

管理费用——差旅费(660201) 560

贷:库存现金(1001) 3 060

(9)3 月 13 日，行政科赵亮出差回来，报销费用 1 680 元，交回现金 320 元。

借:管理费用——差旅费(660201) 1 360

库存现金(1001) 320

贷:其他应收款——其他个人应收款(122102) 1 680

(10)3 月 13 日，财务处董主管领用工商银行现金支票缴纳上月应交未交所得税 37 412 元，少缴增值税 79 522 元，城市维护建设税 5 566 元，代缴个人所得税 2 385 元，合计 124 885 元。

借:应交税费——应交所得税(222106) 37 412

未交增值税(222102) 79 522

应交税费——应交城市维护建设税(222104) 5 566

应交个人所得税(222109) 2 385

贷:银行存款——工行——人民币 (10020101) 124 885 (现金支票号:2045)

(11)3 月 18 日，针剂车间孙皓购入一项非专利技术 150 000 元。

借:无形资产——非专利技术(170102) 150 000

贷:银行存款——工行——人民币 (10020101) 150 000 (转账支票号:3451)

(12)3 月 18 日，购入工程物资一批，价款 130 000 元，增值税 22 100 元，均已用工商银行存款支付。

借:工程物资(1605) 152 100

贷:银行存款——工行——人民币 (10020101) 152 100 (转账支票号:3356)

(13)3 月 18 日，从银行借入 3 年期借款 200 000 元，借款已存入工商银行，该项借款用于购建固定资产。

借：银行存款——工行——人民币（10020101）　200 000　（转账支票号：2247）

　　贷：长期借款——本金(250101)　　200 000

(14)3 月 18 日，一项工程完工，计算应负担的长期借款利息 6 000 元，该项借款本息未付。

借：在建工程(1604)　　6 000

　　贷：长期借款——利息调整(250102)　　6 000

(15)3 月 18 日，收到一项长期股权投资的现金股利 200 000 元，存入工商银行。

借：银行存款——工行——人民币(10020101)　200 000　（现金支票号：3210）

　　贷：投资收益(6111)　　200 000

(16)3 月 18 日，用工商银行存款支付本年度企业财产保险费 7 100 元。

借：管理费用——财产保险费（660204）　　7 100

　　贷：银行存款——工行——人民币(10020101)　7 100　（转账支票号：1357）

(17)3 月 25 日，交易性金融资产的公允价值为 28 800 元，应确认公允价值变动收益 2 000 元。

借：交易性金融资产——公允价值变动(110102)　　2 000

　　贷：公允价值变动损益(6101)　　2 000

(18)3 月 26 日，收到某公司交来的合同违约金。

借：库存现金(1001)　　999

　　贷：营业外收入——其他(630102)　　999

(19)3 月 26 日，财务处购买账簿报销。

借：财务费用(6603)　　555

　　贷：库存现金(1001)　　555

2. 出纳签字

3. 审核签字

(1)审核员发现第 5 笔业务中，“银行存款——工行——人民币(10020101)”科目的转账支票号不应是 7788，应该为 9988，做【标错】处理。

(2)相关签字人取消签字。

(3)制单人进行凭证修改。

4. 主管签字

5. 记账

6. 修改删除已记账凭证

(1)记账后，发现第 19 张凭证处理不正确，进行【红字冲销】并审核记账。

(2)记账后，发现第 18 张凭证错误，通过“反记账”无痕迹修改操作进行作废删除。

（反记账操作提示：在“期末”－“对账”界面，同时按下 CTRL ＋ H）

二、凭证、账表查询

1. 查询本月第 2 张付款凭证的发生额：________，并联查该凭证借方科目的账簿余额：________。

2. 查询本月发生额在5 000元以上的凭证有________张。

3. 查询付款凭证的借贷方发生额合计:________,其中,损益类科目借方发生额小计:________。

4. 查询其他应收款总账本月期末余额:________,并联查明细账本月有________笔业务,并查看相应的凭证。

5. 查询银行存款日记账3月18日借方发生额:________,贷方发生额:________,余额:________。

6. 查询3月13日的资金日报表。

7. 查询3月份金额在6 000元以上所有借方科目形成的序时账。

8. 查询企业职工欠款情况(其他个人应收款122102)。

9. 查询各个部门差旅费发生情况。总经理办公室:________,人事处:________,财务处:________,行政科:________。

10. 查询固定资产期初余额:________。

三、出纳管理(只对工商银行人民币户10020101科目进行银行对账)

1. 银行对账初始化

(1)单位日记账(10020101)调整前余额:899 560元。

工商银行对账单调整前余额:988 990元。

(2)对账单期初未达账项:

日　期	结算方式	票号	借方金额	贷方金额
2009-02-26	现金支票	5894		3 000
2009-01-27	转账支票	3368	100 440	

(3)日记账期初未达账项:

凭证日期	凭证类别	凭证号	结算方式	票号	票据日期	借方金额	贷方金额
2009-02-27	收款凭证	38	转账支票	1759	2009-02-26	23 670	
2009-02-28	付款凭证	31	转账支票	2685	2009-02-25		15 660

2. 日常业务

(1)本月工商银行发来人民币户银行对账单:

日　期	结算方式	票号	借方金额	贷方金额
2009－03－02	转账支票	1759	23 670	
2009－03－03	转账支票	2685		15 660
2009－03－05	转账支票	5642		250 000
2009－03－12	转账支票	5588		6 000
2009－03－11	转账支票	1852	877.50	
2009－03－19	现金支票	2045		124 885
2009－03－21	转账支票	2233		912.60

(2)进行工商银行本月对账,对账期间 1～3 月份。(对账结果见附 1:总账业务实验结果)

(3)查询截止月末,日期相差 10 天的对账勾对情况。

(4)长期未达账审计:查询截止到 2009－03－25,10 天内未达账项的情况。

(5)查看了解目前支票已领用未报销情况。

实验五　总账系统——期末处理业务

实验目的

1. 理解、掌握转账凭证自动生成的原理和过程。
2. 掌握总账系统月末处理的主要内容。
3. 掌握总账期末结账的条件和要求。

实验要求

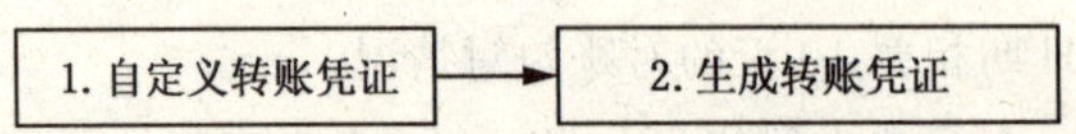

注意：自定义转账凭证时，金额来源科目不一定与凭证借贷方科目一致。转账凭证生成有顺序关系的，前面的凭证要先审核、记账，然后再生成后面的凭证。

实验资料

1. 自定义转账凭证 0001，结转本期辅助费用，其中针剂车间承担 30%，片剂车间承担 50%，胶囊车间承担 20%，并生成转账凭证。

借：生产成本——基本生产成本——辅助费(50010105)　　JG( )*0.3 针剂车间
　　生产成本——基本生产成本——辅助费(50010105)　　JG( )*0.5 片剂车间
　　生产成本——基本生产成本——辅助费(50010105)　　JG( )*0.2 胶囊车间
　贷：生产成本——辅助生产成本——修理费(50010201)　QM(50010201,月,借)
　　　生产成本——辅助生产成本——电费(50010202)　　QM(50010202,月,借)

2. 自定义转账凭证 0002，本月按年初余额的 1/24 摊销无形资产，并生成转账凭证。

借：管理费用——无形资产摊销(660205)　　QC(170101,年,借)/24
　贷：累计摊销(1702)　　CE( )

3. 定义汇兑损益凭证，暂不生成凭证。(待月末结账时一次性结转)
4. 定义期间损益凭证，暂不生成凭证。(待月末结账时一次性结转)
5. 对账。

附 1:总账业务实验结果

1. 科目汇总表查询结果

科目编码	科目名称	金额合计	
		借　方	贷　方
1001	库存现金	4 520.00	5 060.00
1002	银行存款	9 758 000.00	479 739.00
1101	交易性金融资产	2 000.00	
1221	其他应收款	1 200.00	2 000.00
1604	在建工程	6 000.00	
1605	工程物资	152 100.00	
1701	无形资产	150 000.00	
1702	累计摊销		1 000.00
资产小计		10 073 820.00	487 799.00
美元			
2221	应交税费	124 885.00	
2501	长期借款		206 000.00
负债小计		124 885.00	206 000.00
4001	实收资本		9 358 000.00
权益小计			9 358 000.00
5001	生产成本	29 308.00	14 654.00
成本小计		29 308.00	14 654.00
6101	公允价值变动损益		2 000.00
6111	投资收益		200 000.00
6301	营业外收入		1 200.00
6601	销售费用	28 000.00	
6602	管理费用	12 840.00	
6603	财务费用	800.00	
损益小计		41 640.00	203 200.00
合　计		10 269 653.00	10 269 653.00

2. 凭证查询列表(19 张凭证)

日　期	类型	凭证号	摘要	科目代码	科目名称	借方金额	贷方金额	来源
2009－03－02	收款	0001	收到违约金	1001	库存现金	1 200.00		总账
2009－03－02	收款	0001	收到违约金	630102	其他		1 200.00	总账

续表

日　期	类型	凭证号	摘要	科目代码	科目名称	借方金额	贷方金额	来源
2009-03-02	收款	0002	收到投资款	10020102	工行——美元	1 358 000.00		总账
2009-03-02	收款	0002	收到投资款	10020101	工行——人民币	8 000 000.00		总账
2009-03-02	收款	0002	收到投资款	4001	实收资本		9 358 000.00	总账
2009-03-13	收款	0003	报销差旅费	660201	差旅费	1 680.00		总账
2009-03-13	收款	0003	报销差旅费	1001	库存现金	320.00		总账
2009-03-13	收款	0003	报销差旅费	122102	其他个人应收款		2 000.00	总账
2009-03-18	收款	0004	银行借款	10020101	工行——人民币	200 000.00		总账
2009-03-18	收款	0004	银行借款	250101	本金		200 000.00	总账
2009-03-18	收款	0005	收现金股利	10020101	工行——人民币	200 000.00		总账
2009-03-18	收款	0005	收现金股利	6111	投资收益		200 000.00	总账
2009-03-02	付款	0001	提现	1001	库存现金	3 000.00		总账
2009-03-02	付款	0001	提现	10020101	工行——人民币		3 000.00	总账
2009-03-02	付款	0002	出差借款	122102	其他个人应收款	1 200.00		总账
2009-03-02	付款	0002	出差借款	1001	库存现金		1 200.00	总账
2009-03-02	付款	0003	支付费用	660101	产品展览费	15 000.00		总账
2009-03-02	付款	0003	支付费用	660102	广告费	13 000.00		总账
2009-03-02	付款	0003	支付费用	10020101	工行——人民币		28 000.00	总账
2009-03-10	付款	0004	购买账簿	6603	财务费用	800.00		总账
2009-03-10	付款	0004	购买账簿	1001	库存现金		800.00	总账
2009-03-10	付款	0005	支付费用	50010201	修理费	6 000.00		总账
2009-03-10	付款	0005	支付费用	50010202	电费	8 654.00		总账
2009-03-10	付款	0005	支付费用	10020101	工行——人民币		6 000.00	总账
2009-03-10	付款	0005	支付费用	10020101	工行——人民币		8 654.00	总账
2009-03-13	付款	0006	报销差旅费	660201	差旅费	2 000.00		总账
2009-03-13	付款	0006	报销差旅费	660201	差旅费	500.00		总账
2009-03-13	付款	0006	报销差旅费	660201	差旅费	560.00		总账
2009-03-13	付款	0006	报销差旅费	1001	库存现金		3 060.00	总账
2009-03-13	付款	0007	缴纳税金	222106	应交所得税	37 412.00		总账
2009-03-13	付款	0007	缴纳税金	222102	未交增值税	79 522.00		总账
2009-03-13	付款	0007	缴纳税金	222104	应交城市维护建设税	5 566.00		总账
2009-03-13	付款	0007	缴纳税金	222109	应交个人所得税	2 385.00		总账
2009-03-13	付款	0007	缴纳税金	10020101	工行——人民币		124 885.00	总账
2009-03-18	付款	0008	购买非专利技术	170102	非专利技术	150 000.00		总账
2009-03-18	付款	0008	购买非专利技术	10020101	工行——人民币		150 000.00	总账
2009-03-18	付款	0009	购买工程物资	1605	工程物资	152 100.00		总账
2009-03-18	付款	0009	购买工程物资	10020101	工行——人民币		152 100.00	总账

续表

日　期	类型	凭证号	摘要	科目代码	科目名称	借方金额	贷方金额	来源
2009—03—18	付款	0010	支付保险费	660204	财产保险费	7 100.00		总账
2009—03—18	付款	0010	支付保险费	10020101	工行——人民币		7 100.00	总账
2009—03—18	转款	0001	计提利息	1604	在建工程	6 000.00		总账
2009—03—18	转款	0001	计提利息	250102	利息调整		6 000.00	总账
2009—03—25	转款	0002	公允价值变动	110102	公允价值变动	2 000.00		总账
2009—03—25	转款	0002	公允价值变动	6101	公允价值变动损益		2 000.00	总账
2009—03—31	转款	0016	摊销无形资产	660205	无形资产摊销	1 000.00		总账
2009—03—31	转款	0016	摊销无形资产	1702	累计摊销		1 000.00	总账
2009—03—31	转款	0017	结转辅助费用	50010201	修理费		6 000.00	总账
2009—03—31	转款	0017	结转辅助费用	50010202	电费		8 654.00	总账
2009—03—31	转款	0017	结转辅助费用	50010105	辅助费	4 396.20		总账
2009—03—31	转款	0017	结转辅助费用	50010105	辅助费	7 327.00		总账
2009—03—31	转款	0017	结转辅助费用	50010105	辅助费	2 930.80		总账

3. 银行对账已达账结果

日　期	结算方式	票　号	借方金额	贷方金额	两　清
2009—02—26	201	5894		￥3 000.00	○
2009—03—02	202	1759	￥23 670.00		○
2009—03—03	202	2685		￥15 660.00	○
2009—03—12	202	5588		￥6 000.00	○
2009—03—19	201	2045		￥124 885.00	○

实验六　报表编制

实验目的

1. 理解报表编制的原理与流程。
2. 掌握报表格式定义、公式定义、关键字定义的操作。
3. 掌握报表编制和多表操作。
4. 熟练应用报表模板。

实验要求

1. 编制货币资金表，熟悉报表编制过程。
2. 利用一般企业(2007 年新会计准则)模板编制资产负债表和利润表。
3. 审核报表、报表舍位平衡。
4. 多表操作。

实验资料

货币资金简表

编制单位:北京医药　　　　年　　月　　日　　　　单位:元

项　目	行　数	年初数	期末数
库存现金	1		
银行存款	2		
其他货币资金	5		
合　计	10		

一、货币资金简表的编制和处理

1. 格式状态

(1)定义报表格式。

(2)定义公式(计算公式、审核公式、舍位平衡公式)。

(3)定义关键字(年、月)。

2. 数据状态

(1)增加 2 张表页。

(2)录入关键字，编制 2009 年 3 月、2009 年 4 月报表。

(3)审核报表(合计＝库存现金＋银行存款＋其他货币资金)。

(4)编制舍位平衡报表(以千元为单位)。

(5)按报表月份递减排序。

(6)汇总 3 月、4 月报表，生成一张新工作表。

(7)透视货币资金表 3 月、4 月库存现金和银行存款项目的年初数和期末数。

二、选用“一般企业(2007 年新会计制度)”模板,编制资产负债表和利润表

注 1:因本案例增设了一个委托代销商品(1409)科目,所以,在资产负债表中存货的期末数和年初数公式中分别追加一项“1409”的取数项。

注 2:用友 T6 系统给定的利润表模板为“年度利润表”格式。其中,第 11 项营业利润的公式需修改调整;且关键字设置不正确,请重新设置。

附 2:报表编制结果(暂核对年初余额)

资产负债表

编制单位:北京医药　　2009 年 3 月 31 日　　单位:元

资　产	期末余额	年初余额	负债及所有者权益(或股东权益)	期末余额	年初余额
流动资产:			流动负债:		
货币资金		1 069 950.25	短期借款		
交易性金融资产		300 000.00	交易性金融负债		300 000.00
应收票据			应付票据		
应收账款		2 840.53	应付账款		3 603.60
预付款项			预收款项		
应收利息			应付职工薪酬		
应收股利			应交税费		124 876.50
其他应收款		2 000.00	应付利息		
存货		59 539.00	应付股利		
一年内到期的非流动资产			其他应付款		
其他流动资产			一年内到期的非流动负债		
流动资产合计		1 434 329.78	其他流动负债		
非流动资产:			流动负债合计		428 480.10
可供出售金融资产			非流动负债:		
持有至到期投资			长期借款		1 000 000.00
长期应收款			应付债券		
长期股权投资		600 000.00	长期应付款		
投资性房地产			专项应付款		
固定资产		3 809 550.32	预计负债		
在建工程			递延所得税负债		
工程物资			其他非流动负债		
固定资产清理			非流动负债合计		1 000 000.00
生产性生物资产			负债合计		1 428 480.10
油气资产			所有者权益(或股东权益):		
无形资产		24 000.00	实收资本(或股本)		3 300 000.00
开发支出			资本公积		75 400.00
商誉			减:库存股		
长期待摊费用		36 000.00	盈余公积		500 000.00
递延所得税资产			未分配利润		600 000.00

续表

资　产	期末余额	年初余额	负债及所有者权益（或股东权益）	期末余额	年初余额
其他非流动资产			所有者权益(或股东权益)合计		4 475 400.00
非流动资产合计		4 469 550.32			
资产总计		5 903 880.10	负债和所有者权益（或股东权益）总计		5 903 880.10

利润表

单位名称:北京医药　　2009 年 3 月　　单位:元

项　目	本期金额	上期金额
一、营业收入		
减:营业成本		
营业税金及附加		
销售费用		
管理费用		
财务费用		
资产减值损失		
加:公允价值变动收益(损失以“—”号填列)		
投资收益(损失以“—”号填列)		
其中:对联营企业和合营企业的投资收益		
二、营业利润(亏损以“—”号填列)		
加:营业外收入		
减:营业外支出		
其中:非流动资产处置损失		
三、利润总额(亏损总额以“—”号填列)		
减:所得税费用		
四、净利润(净亏损以“—”号填列)		
五、每股收益		
(一)基本每股收益		
(二)稀释每股收益		

实验七　工资管理

实验目的

1. 掌握工资系统处理工资业务的思路和流程。
2. 掌握工资系统初始化、日常业务及期末业务的操作方法。
3. 理解工资分配凭证自动生成的过程。

实验要求

1. 初始化工资系统。
2. 计算、汇总工资结算数据。
3. 分摊工资。
4. 生成记账凭证。

实验资料

一、选项设置

1. 选项

执行单个工资类别。

核算币种：人民币。

要求代扣个人所得税。

不进行扣零处理。

人员编码长度：3 位。

2. 人员附加信息

设置“技术职称”项目，其参考档案：高级、中级、初级。

3. 人员类别设置

企业管理人员、基本生产人员、车间管理人员、在建工程人员、销售人员、福利人员。

4. 银行名称设置

通过工商银行代发工资，账号设置定长 7 位。

5. 人员档案设置

职员编码	职员名称	部门名称	人员类别	个人账号	职称
001	严研浩	总经理办公室	企业管理人员	6127001	高级
002	董主管	财务处	企业管理人员	6127002	中级
003	孙出纳	财务处	企业管理人员	6127003	中级
004	李会计	财务处	企业管理人员	6127004	初级

续表

职员编码	职员名称	部门名称	人员类别	个人账号	职称
005	张　华	人事处	企业管理人员	6127005	高级
006	陆　杰	人事处	企业管理人员	6127006	高级
007	陈绍卿	行政科	企业管理人员	6127007	初级
008	赵　亮	行政科	企业管理人员	6127008	高级
009	孙　刚	质量部	企业管理人员	6127009	中级
010	李　睛	质量部	企业管理人员	6127010	初级
011	李　飞	东北办事处	销售人员	6127011	高级
012	王　明	华北办事处	销售人员	6127012	中级
013	苏　宁	华南办事处	销售人员	6127013	初级
014	梁学峰	药品库房	企业管理人员	6127014	高级
015	许灵立	药品库房	企业管理人员	6127015	中级
016	王安东	运输组	企业管理人员	6127016	初级
017	王海波	运输组	企业管理人员	6127017	中级
018	靳　希	材料采购一部	企业管理人员	6127018	高级
019	王海洋	材料采购一部	企业管理人员	6127019	中级
020	孙涛强	材料采购一部	企业管理人员	6127020	中级
021	郭治国	材料采购二部	企业管理人员	6127021	中级
022	鲁之强	材料采购二部	企业管理人员	6127022	初级
023	柳莉莉	材料采购二部	企业管理人员	6127023	高级
024	杨明亮	材料采购三部	企业管理人员	6127024	中级
025	鲁尔东	针剂车间	车间管理人员	6127025	中级
026	李江强	针剂车间	基本生产人员	6127026	初级
027	孙　皓	针剂车间	基本生产人员	6127027	初级
028	赵　雷	第一施工项目部	在建工程人员	6127028	中级
029	石　静	内贸一科	销售人员	6127029	中级
030	钱有量	内贸一科	销售人员	6127030	初级
031	杨　阳	内贸一科	销售人员	6127031	初级
032	孙　洲	内贸二科	销售人员	6127032	初级
033	刘　刚	内贸二科	销售人员	6127033	初级

6. 工资项目设置

项目名称	类型	长度	小数位数	增减项
工龄	N	3	0	其他
基本工资	N	10	2	增项
岗位工资	N	10	2	增项
奖金	N	10	2	增项
交补	N	8	2	增项
应发合计	N	10	2	增项
病假扣款	N	8	2	减项
事假扣款	N	8	2	减项
养老保险金	N	8	2	减项
住房公积金	N	8	2	减项
扣款合计	N	10	2	减项
实发合计	N	10	2	增项
日工资	N	8	2	其他
事假天数	N	8	0	其他
病假天数	N	8	0	其他
公积金基数	N	8	2	其他
工资分摊基数	N	8	2	其他
代扣税	N	10	2	减项

7. 按顺序设置公式

(1)岗位工资:IFF(人员类别="企业管理人员",800,IFF(人员类别="销售人员",750,600))

(2)奖金:IFF(人员类别="企业管理人员" or 人员类别="基本生产人员",200,300)

(3)交补:IFF(人员类别="销售人员",300,150)

(4)日工资:(基本工资+岗位工资+奖金)/22

(5)公积金基数:基本工资+岗位工资+奖金

(6)病假扣款:IFF(工龄>=10,日工资*病假天数*0.2,IFF(工龄>=5 and 工龄<10,日工资*病假天数*0.4,日工资*病假天数*0.6))

(7)事假扣款:事假天数*日工资

(8)工资分摊基数:基本工资+岗位工资+奖金+交补-病假扣款-事假扣款

(9)养老保险金:公积金基数*0.17

(10)住房公积金:公积金基数*0.08

8. 工资变动数据

职员编码	职员名称	工龄	基本工资
001	严研浩	20	1 200
002	董主管	15	1 000
003	孙出纳	14	960
004	李会计	8	700
005	张　华	18	1 100
006	陆　杰	17	1 050
007	陈绍卿	3	780
008	赵　亮	15	1 050
009	孙　刚	10	890
010	李　睛	3	760
011	李　飞	10	1 030
012	王　明	9	940
013	苏　宁	5	810
014	梁学峰	14	1 180
015	许灵立	9	900
016	王安东	2	700
017	王海波	8	850
018	靳　希	11	1 120
019	王海洋	9	900
020	孙涛强	8	900
021	郭治国	8	850
022	鲁之强	2	810
023	柳莉莉	18	1 200
024	杨明亮	9	900
025	鲁尔东	8	860
026	李江强	5	790
027	孙　皓	4	720
028	赵　雷	11	950
029	石　静	10	980
030	钱有量	3	750
031	杨　阳	2	780
032	孙　洲	4	700
033	刘　刚	5	800

二、日常业务

1. 职工考勤情况

职工编号	职工姓名	事假天数	病假天数
004	李会计	1	3
009	孙　刚		2
022	鲁之强	3	3
030	钱有量		4
031	杨　阳	2	1

2. 工资成批替换

工龄大于等于10年的职工,基本工资增加500元;工龄5年以上、10年以下的职工,基本工资增加300元;工龄小于等于5年的职工,基本工资增加100元。

人员类别为基本生产人员的职工,基本工资增加80元。

3. 扣缴个人所得税

对应工资项目:工资分摊基数。

扣缴基数:2 000元(暂按)。

4. 银行代发工资(银行报盘的方式)

2009－03－21,通过工商银行代发工资,单位编号为6832001。

增加"职工姓名"栏。

5. 月末工资分摊

2009年3月28日进行3月份工资分摊并制单,明细到工资项目。

分摊类型

分摊类型	分摊项目依据	分摊比例(暂按)
工资分摊	工资分摊基数	100%
计提福利费	工资分摊基数	14%
计提工会经费	工资分摊基数	2%
计提社保费	公积金基数	17%
计提住房公积金	公积金基数	8%
计提教育经费	工资分摊基数	1.5%

工资分摊表

（涉及明细部门参见前面“部门档案”表）

部门名称	人员类别	工资分配科目	计提福利费	计提工会经费	计提社保费	计提住房公积	计提教育经费
		借方科目	借方科目	借方科目	借方科目	借方科目	借方科目
总经理办公室、财务处、人事科、行政科、质量部、储运部、采购部	企业管理人员	660202	660206	660207	660208	660209	660210
生产部	车间管理人员	510102	510102	510102	510102	510102	510102
生产部	生产工人	50010101	50010101	50010101	50010101	50010101	50010101
销售部、贸易部	销售人员	660103	660103	660103	660103	660103	660103
第一项目部	在建工程	1604	1604	1604	1604	1604	1604

贷方科目：

工资分配科目　221101
计提福利费　221102
计提工会经费　221105
计提社保费　221103
计提住房公积金　221104
计提教育经费　221106

注意：本题以下业务在**总账系统**中完成

6. 选择工资凭证进行审核、记账

7. 3 月 28 日，财务处孙出纳开出工商银行现金支票（票号：0332）给职工发放本月工资

借：应付职工薪酬——工资（221101）（经查工资汇总表，应发合计数：59 135.51 元）
　贷：银行存款——工行——人民币（10020101）

8. 填制代扣个人所得税凭证

借：应付职工薪酬——工资（221101）（经查工资汇总表，代扣税合计数：796.43 元）
　贷：应交税费——应交个人所得税（222109）

9. 填制代扣住房公积金凭证

借：应付职工薪酬——工资（221101）（经查工资汇总表，住房公积金合计数：5 853.6 元）
　贷：其他个人应付款（224101）

10. 填制代扣社保费凭证

借：应付职工薪酬——工资（221101）（经查工资汇总表，社保费合计数：12 438.9 元）
　贷：其他个人应付款（224101）

三、查询工资数据

1. 查询职工苏宁的本月应纳税所得额：________，扣缴所得税额：________。
2. 统计销售人员的人数：________。

3. 查询显示财务部门人员的应发合计、扣款合计、实发合计三个工资项目。
4. 显示人员类别汇总表。
5. 查询显示财务处、人事科、行政科三个部门的工资汇总表。
6. 查询工资分摊凭证，借贷方发生额：________。
7. 查询工资卡信息。

四、月末处理

工资清零项：事假天数、病假天数。

附 3:工资业务实验结果

1. 查询部门工资汇总表结果

部门	人数	应发合计	养老保险金	住房公积金	扣款合计	实发合计	工资分摊基数	代扣税
总办室	1	2 850	459	216	735	2 115	2 850	60
财务处	3	7 410	1 183.2	556.8	2 016	5 394	7 210	76
人事处	2	5 450	875.5	412	1 382.5	4 067.5	5 450	95
行政科	2	4 730	753.1	354.4	1 154	3 576	4 730	46.5
质量部	2	4 550	722.5	340	1 131.29	3 418.71	4 506.54	25.33
销售部	3	7 730	1 161.1	546.4	1 817.5	5 912.5	7 730	110
储运部	4	9 430	1 501.1	706.4	2 298	7 132	9 430	90.5
采购部	7	17 030	2 716.6	1 278.4	4 591.24	12 438.76	16 613.26	179.5
生产部	3	5 980	940.1	442.4	1 393	4 587	5 980	10.5
第一施工部	1	2 500	399.5	188	612.5	1 887.5	2 500	25
贸易部	5	11 660	1 727.2	812.8	3 053.46	8 606.54	11 224.64	78.1
合　计	33	79 320	12 438.9	5 853.6	20 184.49	59 135.51	78 224.44	796.43

2.工资变动明细表

工资变动数据列表

编号	姓名	部门	人员类别	基本工资	岗位工资	奖金	交补	应发合计	病假扣款	事假扣款	养老保险金	住房公积金	扣款合计	实发合计	日工资	事假天数	病假天数	公积金基数	工资分摊基数	代扣税
001	严研浩	总经理办公室	企业管理人员	1 700	800	200	150	2 850			459	216	735	2 115	122.73			2 700	2 850.00	60
002	董主管	财务处	企业管理人员	1 500	800	200	150	2 650			425	200	665	1 985	113.64			2 500	2 650.00	40
003	孙出纳	财务处	企业管理人员	1 460	800	200	150	2 610			418.2	196.8	651	1 959	111.82			2 460	2 610.00	36
004	李会计	财务处	企业管理人员	1 000	800	200	150	2 150	109.09	90.91	340	160	700	1 450	90.91	1	3	2 000	1 950.00	
005	张　华	人事处	企业管理人员	1 600	800	200	150	2 750			442	208	700	2 050	118.18			2 600	2 750.00	50
006	陆　杰	人事处	企业管理人员	1 550	800	200	150	2 700			433.5	204	682.5	2 017.5	115.91			2 550	2 700.00	45
007	陈绍卿	行政科	企业管理人员	880	800	200	150	2 030			319.6	150.4	471.5	1 558.5	85.45			1 880	2 030.00	1.5
008	赵　亮	行政科	企业管理人员	1 550	800	200	150	2 700			433.5	204	682.5	2 017.5	115.91			2 550	2 700.00	45
009	孙　刚	质量部	企业管理人员	1 390	800	200	150	2 540	43.46		406.3	191.2	665.79	1 874.21	108.64		2	2 390	2 496.54	24.83
010	李　晴	质量部	企业管理人员	860	800	200	150	2 010			316.2	148.8	465.5	1 544.5	84.55			1 860	2 010.00	0.5
011	李　飞	东北办事处	销售人员	1 530	750	300	300	2 880			438.6	206.4	708	2 172	117.27			2 580	2 880.00	63
012	王　明	华北办事处	销售人员	1 240	750	300	300	2 590			389.3	183.2	606.5	1 983.5	104.09			2 290	2 590.00	34
013	苏　宁	华南办事处	销售人员	910	750	300	300	2 260			333.2	156.8	503	1 757	89.09			1 960	2 260.00	13

续表

编号	姓名	部门	人员类别	基本工资	岗位工资	奖金	交补	应发合计	病假扣款	事假扣款	养老保险金	住房公积金	扣款合计	实发合计	日工资	事假天数	病假天数	公积金基数	工资分摊基数	代扣税
014	梁学峰	药品库房	企业管理人员	1 680	800	200	150	2 830			455.6	214.4	728	2 102	121.82			2 680	2 830.00	58
015	许灵立	药品库房	企业管理人员	1 200	800	200	150	2 350			374	176	567.5	1 782.5	100			2 200	2 350.00	17.5
016	王安东	运输组	企业管理人员	800	800	200	150	1 950			306	144	450	1 500	81.82			1 800	1 950.00	
017	王海波	运输组	企业管理人员	1 150	800	200	150	2 300			365.5	172	552.5	1 747.5	97.73			2 150	2 300.00	15
018	靳　希	材料采购一部	企业管理人员	1 620	800	200	150	2 770			445.4	209.6	707	2 063	119.09			2 620	2 770.00	52
019	王海洋	材料采购一部	企业管理人员	1 200	800	200	150	2 350			374	176	567.5	1 782.5	100			2 200	2 350.00	17.5
020	孙涛强	材料采购一部	企业管理人员	1 200	800	200	150	2 350			374	176	567.5	1 782.5	100			2 200	2 350.00	17.5
021	郭治国	材料采购二部	企业管理人员	1 150	800	200	150	2 300			365.5	172	552.5	1 747.5	97.73			2 150	2 300.00	15
022	鲁之强	材料采购二部	企业管理人员	910	800	200	150	2 060	156.28	260.46	324.7	152.8	894.24	1 165.76	86.82	3	3	1 910	1 643.26	
023	柳莉莉	材料采购二部	企业管理人员	1 700	800	200	150	2 850			459	216	735	2 115	122.73			2 700	2 850.00	60
024	杨明亮	材料采购三部	企业管理人员	1 200	800	200	150	2 350			374	176	567.5	1 782.5	100			2 200	2 350.00	17.5
025	鲁尔东	针剂车间	车间管理人员	1 160	600	300	150	2 210			350.2	164.8	525.5	1 684.5	93.64			2 060	2 210.00	10.5
026	李江强	针剂车间	基本生产人员	970	600	200	150	1 920			300.9	141.6	442.5	1 477.5	80.45			1 770	1 920.00	
027	孙　浩	针剂车间	基本生产人员	900	600	200	150	1 850			289	136	425	1 425	77.27			1 700	1 850.00	

续表

编号	姓名	部门	人员类别	基本工资	岗位工资	奖金	交补	应发合计	病假扣款	事假扣款	养老保险金	住房公积金	扣款合计	实发合计	日工资	事假天数	病假天数	公积金基数	工资分摊基数	代扣税
028	赵　雷	第一施工部	在建工程人员	1 450	600	300	150	2 500			399.5	188	612.5	1 887.5	106.82			2 350	2 500.00	25
029	石　静	内贸一科	销售人员	1 480	750	300	300	2 830			430.1	202.4	690.5	2 139.5	115			2 530	2 830.00	58
030	钱有量	内贸一科	销售人员	850	750	300	300	2 200	207.26		323	152	682.26	1 517.74	86.36		4	1 900	1 992.74	
031	杨　阳	内贸一科	销售人员	880	750	300	300	2 230	52.64	175.46	328.1	154.4	710.7	1 519.3	87.73	2	1	1 930	2 001.90	0.1
032	孙　洲	内贸二科	销售人员	800	750	300	300	2 150			314.5	148	470	1 680	84.09			1 850	2 150.00	7.5
033	刘　刚	内贸二科	销售人员	900	750	300	300	2 250			331.5	156	500	1 750	88.64			1 950	2 250.00	12.5

3. 工资业务相关凭证(10 张)

日期	类型	凭证号	摘要	科目代码	科目名称	借方金额	贷方金额	凭证来源
2009－03－28	转款	0003	工资分摊	50010101	人工费	3 770.00		工资系统
2009－03－28	转款	0003	工资分摊	510102	管理人员工资	2 210.00		工资系统
2009－03－28	转款	0003	工资分摊	660202	人工费	2 850.00		工资系统
2009－03－28	转款	0003	工资分摊	660202	人工费	7 210.00		工资系统
2009－03－28	转款	0003	工资分摊	660202	人工费	5 450.00		工资系统
2009－03－28	转款	0003	工资分摊	660202	人工费	4 730.00		工资系统
2009－03－28	转款	0003	工资分摊	660202	人工费	4 506.54		工资系统
2009－03－28	转款	0003	工资分摊	660202	人工费	5 180.00		工资系统
2009－03－28	转款	0003	工资分摊	660202	人工费	4 250.00		工资系统
2009－03－28	转款	0003	工资分摊	660202	人工费	7 470.00		工资系统
2009－03－28	转款	0003	工资分摊	660202	人工费	6 793.26		工资系统
2009－03－28	转款	0003	工资分摊	660202	人工费	2 350.00		工资系统
2009－03－28	转款	0003	工资分摊	1604	在建工程	2 500.00		工资系统
2009－03－28	转款	0003	工资分摊	660103	工资	18 954.64		工资系统
2009－03－28	转款	0003	工资分摊	221101	工资		78 224.44	工资系统
2009－03－28	转款	0004	计提福利费	50010101	人工费	527.80		工资系统
2009－03－28	转款	0004	计提福利费	510102	管理人员工资	309.40		工资系统
2009－03－28	转款	0004	计提福利费	1604	在建工程	350.00		工资系统
2009－03－28	转款	0004	计提福利费	660103	工资	2 653.65		工资系统
2009－03－28	转款	0004	计提福利费	660206	福利费	7 110.58		工资系统
2009－03－28	转款	0004	计提福利费	221102	职工福利		10 951.43	工资系统
2009－03－28	转款	0005	计提工会经费	50010101	人工费	75.40		工资系统
2009－03－28	转款	0005	计提工会经费	510102	管理人员工资	44.20		工资系统
2009－03－28	转款	0005	计提工会经费	1604	在建工程	50.00		工资系统
2009－03－28	转款	0005	计提工会经费	660103	工资	379.09		工资系统
2009－03－28	转款	0005	计提工会经费	660207	工会经费	1 015.80		工资系统
2009－03－28	转款	0005	计提工会经费	221105	工会经费		1 564.49	工资系统
2009－03－28	转款	0006	计提社保费	50010101	人工费	589.90		工资系统
2009－03－28	转款	0006	计提社保费	510102	管理人员工资	350.20		工资系统
2009－03－28	转款	0006	计提社保费	1604	在建工程	399.50		工资系统
2009－03－28	转款	0006	计提社保费	660103	工资	2 888.30		工资系统
2009－03－28	转款	0006	计提社保费	660208	社保费	8 211.00		工资系统
2009－03－28	转款	0006	计提社保费	221103	社会保险费		12 438.90	工资系统
2009－03－31	转款	0013	计提住房公积金	50010101	人工费	277.60		工资系统

续表

日期	类型	凭证号	摘要	科目代码	科目名称	借方金额	贷方金额	凭证来源
2009－03－31	转款	0013	计提住房公积金	510102	管理人员工资	164.80		工资系统
2009－03－31	转款	0013	计提住房公积金	1604	在建工程	188.00		工资系统
2009－03－31	转款	0013	计提住房公积金	660103	工资	1 359.20		工资系统
2009－03－31	转款	0013	计提住房公积金	660209	住房公积金	3 864.00		工资系统
2009－03－31	转款	0013	计提住房公积金	221104	住房公积金		5 853.60	工资系统
2009－03－31	转款	0014	计提教育费附加	50010101	人工费	56.55		工资系统
2009－03－31	转款	0014	计提教育费附加	510102	管理人员工资	33.15		工资系统
2009－03－31	转款	0014	计提教育费附加	1604	在建工程	37.50		工资系统
2009－03－31	转款	0014	计提教育费附加	660103	工资	284.32		工资系统
2009－03－31	转款	0014	计提教育费附加	660210	教育费附加	761.85		工资系统
2009－03－31	转款	0014	计提教育费附加	221106	职工教育经费		1 173.37	工资系统
2009－03－18	付款	0011	发放工资	221101	工资	59 135.51		总账系统
2009－03－18	付款	0011	发放工资	10020101	工行——人民币		59 135.51	总账系统
2009－03－28	转款	0007	代扣个税	221101	工资	796.43		总账系统
2009－03－28	转款	0007	代扣个得税	222109	应交个人所得税		796.43	总账系统
2009－03－28	转款	0008	代扣住房公积	221101	工资	5 853.60		总账系统
2009－03－28	转款	0008	代扣住房公积	224101	其他个人应付款		5 853.60	总账系统
2009－03－28	转款	0009	代扣社保费	221101	工资	12 438.90		总账系统
2009－03－28	转款	0009	代扣社保费	224101	其他个人应付款		12 438.90	总账系统

实验八　固定资产管理

实验目的

1. 掌握固定资产管理系统的主要功能。
2. 熟练掌握固定资产管理系统的初始化、日常业务处理和月末处理操作。
3. 重点理解基础档案设置在记账凭证自动生成过程中的作用。

实验要求

1. 进行固定资产初始化设置。
2. 完成固定资产增加、减少、减值等日常业务处理。
3. 计提折旧。
4. 生成记账凭证。

实验资料

一、初始设置

1. 选项设置

按平均年限法(一)计提折旧，折旧分配周期为 1 个月，类别编码方式为 2112。

固定资产编码方式：按“类别编码＋部门编码＋序号”自动编码，卡片序号长度为 3。

要求与账务系统进行对账：固定资产对账科目为 1601，累计折旧对账科目为 1602。

在对账不平情况下不允许月末结账，月末结账前一定要完成制单登账业务。

固定资产缺省入账科目：1601；累计折旧缺省入账科目：1602；已注销卡片 5 年后删除。

2. 部门对应折旧科目

部门编码	部门名称	折旧科目
01	总经理办公室	660203
02	财务处	660203
03	人事处	660203
04	行政科	660203
05	质量部	660203
06	销售部	660104
07	储运部	660203
08	采购部	660203
09	生产部	510101
10	第一项目部	1603

续表

部门编码	部门名称	折旧科目
11	贸易部	660104
12	机加车间	510101

3. 固定资产分类编码

类别编码	类别名称	使用年限	净残值率	计量单位	计提属性	折旧方法
01	土地	50		平方米	总不提折旧	
02	房屋及建筑物	30		栋	正常计提	平均年限法(一)
03	设备				正常计提	平均年限法(一)
031	生产设备	20		台	正常计提	平均年限法(一)
032	办公设备	10		台	正常计提	平均年限法(一)
033	运输设备	10			正常计提	平均年限法(一)
04	其他				正常计提	平均年限法(一)

4. 增减方式

增减方式名称	对应入账科目
增加方式	
直接购入	10020101
投资者投入	4001
捐赠	400202
盘盈	190102
在建工程转入	1604
融资租入	2701
减少方式	
出售	10020101
盘亏	190102
投资转出	151101
捐赠转出	671103
报废	1606

5. 使用状况

使用状况名称	是否计提折旧
使用中	是
在用	是
季节性停用	是
经营性出租	是
大修理停用	是
未使用	否
不需用	否

6. 折旧方法——系统默认

二、录入原始卡片

序号	固定资产名称	类别名称	所在部门	增加方式	使用状况	使用年限	折旧方法	开始使用日期	原值	净残值率	累计折旧
1	土地	土地	总经理室	投资者投入	在用	50 年	不提折旧	1976－12－01	5 888.31		
2	1 号厂房	房屋及建筑物	片剂、针剂车间（各 50%）	在建工程转入	在用	30 年	平均(一)	1978－09－01	333 600.00		281 158.08
3	2 号厂房	房屋及建筑物	胶囊车间	在建工程转入	在用	30 年	平均(一)	1980－01－01	236 300.00	3%	178 914.01
4	办公大楼	房屋及建筑物	总经办 40% 人事处 60%	在建工程转入	在用	30 年	平均(一)	1980－01－01	4 705 000.00	3%	3 562 263.50
5	高速发电机组	生产设备	动力车间	直接购入	在用	20 年	平均(一)	1995－09－01	35 000.00	3%	23 802.40
6	1 号生产设备	生产设备	胶囊车间	直接购入	在用	20 年	双倍递减	1994－11－01	190 000.00		113 067.00
7	2 号生产设备	生产设备	片剂车间	直接购入	在用	20 年	平均(一)	1996－08－01	3 430 000.00	3%	1 179 920.00
8	奔驰轿车	办公设备	总经理室	直接购入	在用	20 年	平均(一)	2000－12－01	230 000.00	3%	45 850.00
9	计算机	办公设备	财务处	直接购入	在用	10 年	平均(一)	2007－12－01	30 000.00	3%	1 863.00
10	立式衣柜	其他	动力车间	直接购入	在用	5 年	平均(一)	2000－06－01	12 000.00		8 200.00

与总账对账：固定资产原值 9 207 788.31 元，累计折旧 5 395 037.99 元。

三、资产增加业务

业务 1　2009－03－30，因运输需要储运部运输组购入马自达面包车一辆，原值 250 000 元，预计使用年限 10 年，净残值率 3%，购车款以工商银行转账支票方式支付，票据号：5642。

业务 2　2009－03－30，人事处购入夏普复印机一台，价值 11 000 元，预计使用 10 年，净残值率 3%，通过工商银行转账支票（票号：1389）付款。

四、固定资产减值处理

2009 年 3 月 30 日，1 号生产设备市场价格下降，公司又提减值准备 5 000 元，并生成凭证。

借:资产减值损失——计提固定资产减值准备(670104) 5 000

贷:固定资产减值准备(1603) 5 000

五、计提折旧

2009—03—30,计提本月固定资产折旧。

六、资产减少业务

1. 2009—03—30,计算机因损坏提前报废,变卖残值现金1 000元。
2. 2009—03—30,动力车间高速发电机组盘亏。

七、月末处理

1. 批量制单
2. 总账系统处理下列业务

(1)3月31日,计算机因损坏提前报废,收到变卖残值收入1 000元上交财务。

借:库存现金(1001) 1 000

贷:固定资产清理(1606) 1 000

(2)自定义对应结转凭证01,上述凭证全部审核记账后结转本月固定资产清理并生成凭证(已知固定资产清理结果为处置损失)。

转出科目:固定资产清理(1606)

转入科目:营业外支出——非流动资产处置损失(671101)

(3)上题凭证审核签字并记账。

3. 与总账系统对账
4. 固定资产系统结账

八、2009年4月资产变动情况

1. 2009—04—09,1号厂房因扩建原值增加20 000元。
2. 2009—04—15,因人员变动立式衣柜由动力车间转给胶囊车间使用。
3. 2009—04—20,因季节性原因1号生产设备停用。
4. 凭证制单。

九、查询账表

1. 查询企业目前拥有的全部固定资产的原值:________;净值:________。
2. 查询人事处拥有的固定资产净值:________。
3. 查询3月份计提折旧总额:________。
4. 查询本月变动单。
5. 查询立式衣柜固定资产卡片的基本信息及其各项附加信息。

附 4:固定资产业务实验结果

1. 固定资产 3 月份折旧清单

卡片号	资产名称	原　值	计提原值	本月折旧	累计折旧	净　值	净残值
00002	1 号厂房	333 600.00	333 600.00	934.08	282 092.16	51 507.84	
00003	2 号厂房	236 300.00	236 300.00	638.01	179 552.02	56 747.98	7 089.00
00004	办公大楼	4 705 000.00	4 705 000.00	12 703.50	3 574 967.00	1 130 033.00	141 150.00
00005	高速发电组	35 000.00	35 000.00	140.00	23 942.40	11 057.60	1 050.00
00006	1 号生产设备	190 000.00	190 000.00	554.53	113 621.53	76 378.47	
00007	2 号生产设备	3 430 000.00	3 430 000.00	13 720.00	1 193 640.00	2 236 360.00	102 900.00
00008	奔驰轿车	230 000.00	230 000.00	920.00	46 770.00	183 230.00	6 900.00
00009	计算机	30 000.00	30 000.00	243.00	2 106.00	27 894.00	900.00
00010	立式衣柜	12 000.00	12 000.00	200.40	8 400.40	3 599.60	
合计		9 201 900.00	9 201 900.00	30 053.52	5 425 091.51	3 776 808.49	259 989.00

2. 固定资产业务凭证(8 张)

日　期	类型	凭证号	摘　要	科目号	科目名称	借方金额	贷方金额	凭证来源
2009－03－31	付款	0012	购入固定资产	1601	固定资产	250 000.00		固定资产
2009－03－31	付款	0012	购入固定资产	10020101	工行——人民币		250 000.00	固定资产
2009－03－31	付款	0013	购入固定资产	1601	固定资产	11 000.00		固定资产
2009－03－31	付款	0013	购入固定资产	10020101	工行——人民币		11 000.00	固定资产
2009－03－30	转款	0010	计提[3]期间折旧	660203	折旧费	6 001.40		固定资产
2009－03－30	转款	0010	计提[3]期间折旧	660203	折旧费	243.00		固定资产
2009－03－30	转款	0010	计提[3]期间折旧	660203	折旧费	7 622.10		固定资产
2009－03－30	转款	0010	计提[3]期间折旧	510101	折旧费	14 187.04		固定资产
2009－03－30	转款	0010	计提[3]期间折旧	510101	折旧费	467.04		固定资产
2009－03－30	转款	0010	计提[3]期间折旧	510101	折旧费	1 192.54		固定资产
2009－03－30	转款	0010	计提[3]期间折旧	510101	折旧费	340.40		固定资产
2009－03－30	转款	0010	计提[3]期间折旧	1602	累计折旧		30 053.52	固定资产
2009－03－31	转款	0011	盘亏	1602	累计折旧	23 942.40		固定资产
2009－03－31	转款	0011	盘亏	190102	待处理固定资产损溢	11 057.60		固定资产
2009－03－31	转款	0011	盘亏	1601	固定资产		35 000.00	固定资产

续表

日　期	类型	凭证号	摘　要	科目号	科目名称	借方金额	贷方金额	凭证来源
2009－03－31	转款	0012	报废	1602	累计折旧	2 106.00		固定资产
2009－03－31	转款	0012	报废	1606	固定资产清理	27 894.00		固定资产
2009－03－31	转款	0012	报废	1601	固定资产		30 000.00	固定资产
2009－03－31	转款	0015	计提减值准备	670104	计提固定资产减值准备	5 000.00		固定资产
2009－03－31	转款	0015	计提减值准备	1603	固定资产减值准备		5 000.00	固定资产
2009－03－30	收款	0006	残值收入	1001	库存现金	1 000.00		总账系统
2009－03－30	收款	0006	残值收入	1606	固定资产清理		1 000.00	总账系统
2009－03－31	转款	0030	结转固定资产清理	1606	固定资产清理		26 894.00	总账系统
2009－03－31	转款	0030	结转固定资产清理	671101	非流动资产处置损失	26 894.00		总账系统

实验九　供应链系统——参数设置

实验目的

1. 理解供应链系统参数设置的作用和意义。
2. 掌握供应链管理系统参数设置的操作。

实验要求

1. 设置采购管理系统参数。
2. 设置销售管理系统参数。
3. 设置库存管理系统参数。
4. 设置存货核算系统参数。
5. 设置应收款管理系统参数。
6. 设置应付款管理系统参数。

实验资料

一、采购管理系统参数

允许超订单到货及入库，允许超计划订货。

二、销售管理系统参数

有零售日报业务、销售调拨业务、委托代销业务、分期收款业务、直运业务。
销售自动生成出库单，直运销售必有订单，自动指定批号（采用近效期先出）。
对于批次管理及非批次管理存货允许超可用量发货。

三、库存管理系统参数

有委托代销业务，有批次管理，有保质期管理，允许货位零出库。
普通存货和批次存货均允许超可用量出库。

四、存货核算系统参数

核算方式按存货核算，暂估方式采用月初回冲，销售成本核算按销售出库单核算。
委托代销按发出商品核算，零成本出库选择参考成本，入库单成本手工输入。
红字出库成本取结存成本，进项税转出科目 22210107。
调拨入库单取不到对应出库成本时取选项成本，先进先出红蓝回冲单记入计价库。
先进先出假退料单记入计价库。

五、应收款管理系统参数

1. 常规选项

应收款核销方式:按单据
单据审核日期依据:单据日期
汇兑损益方式:月末处理
坏账处理方式:应收余额百分比法
代垫费用类型:其他应收单
应收账款核算类型:详细核算
自动计算现金折扣
登记支票
2. 凭证选项
受控科目制单方式:明细到客户
非控科目制单方式:汇总方式
控制科目依据:客户
销售科目依据:按存货分类
月结前全部生成凭证
核销生成凭证
预收冲应收生成凭证
红票对冲生成凭证

六、应付款管理系统参数

1. 常规选项
应付款核销方式:按单据
单据审核日期依据:单据日期
汇兑损益方式:月末处理
应收账款核算类型:详细核算
自动计算现金折扣、登记支票
2. 凭证选项
受控科目制单方式:明细到供应商
非控科目制单方式:明细到供应商
控制科目依据:按供应商分类
采购科目依据:按存货分类
月结前全部生成凭证
核销生成凭证
预付冲应付生成凭证
红票对冲生成凭证

实验十　供应链系统——基础设置

实验目的

1. 理解掌握基础档案设置的意义和作用。
2. 掌握不同基础档案设置的方法。
3. 重点理解与会计凭证自动生成有关的会计科目的设置。

实验要求

1. 录入供应链基础档案。
2. 设计单据格式。
3. 设计单据编码规则。

实验资料

一、业务基础档案

1. 存货分类

序　号	分类编码	分类名称
1	1	原辅材料
2	101	主料
3	102	辅料
4	2	包装物
5	3	自制药品
6	301	自制片剂
7	302	自制针剂
8	303	自制胶囊
9	4	外购医药商品
10	401	西药
11	40101	外购片剂
12	40102	外购针剂
13	40103	外购胶囊
14	402	中成药
15	403	药材饮片
16	404	医疗器械

续表

序　号	分类编码	分类名称
17	5	采购费用
18	501	材料采购费用
19	502	外购药品费用
20	6	医用高压釜
21	7	医用高压釜配件
22	701	自制医用高压釜
23	702	外购医用高压釜配件
24	703	钢材

2. 计量单位

序号	单位组编码	计量单位组名称	计量单位组类别	单位编码	单位名称	主计量单位标志	换算率
1	01	无换算关系组	无换算	01001	个		
2				01002	只		
3				01003	块		
4				01004	桶		
5				01005	套		
6				01006	袋		
7				01007	听		
8				01008	件		
9				01009	千克		
10	02	包装 1	固定换算	02001	板	是	1
11				02002	盒		2
12				02003	箱		20
13	03	包装 2	固定换算	03001	瓶	是	1
14				03002	盒		12
15				03003	箱		144
16	04	包装 3	固定换算	04001	支	是	1
17				04002	盒		10
18				04003	箱		100
19	05	重量	固定换算	05002	千克	是	1
20				05001	克		0.001
21				05003	吨		1 000

续表

序号	单位组编码	计量单位组名称	计量单位组类别	单位编码	单位名称	主计量单位标志	换算率
22	06	容量	固定换算	06001	毫升	是	1
23				06002	升		1 000
24				06003	千升		1 000 000
25	07	卷与米	浮动换算	07002	米	是	1
26				07001	卷		1
27	08	包装 4	固定换算	08001	盒	是	1
28				08002	箱		24
29	09	瓶与毫升	固定换算	09002	毫升	是	1
30				09001	瓶		10
31	10	桶与千克	固定换算	10002	千克	是	1
32				10001	桶		2
33	11	瓶与升	固定换算	11002	升	是	1
34				11001	瓶		1

3. 仓库档案

序号	仓库编码	仓库名称	部门名称	计价方式	是否货位管理	资金定额
1	01	原料库	药品库房	全月平均法	是	31 000 000
2	11	片剂库				5 000 000
3	12	针剂库			是	5 000 000
4	13	胶囊库			是	
5	21	东北办事处仓库	东北办事处	移动加权平均		2 000 000
6	22	华北办事处仓库	东北办事处			2 000 000
7	23	华东办事处仓库	华北办事处		是	2 000 000
8	24	华南办事处仓库	华南办事处			2 000 000
9	25	西北办事处仓库	西北办事处			2 000 000
10	26	西南办事处仓库	西南办事处			2 000 000
11	31	贸易部仓库	内贸一科			2 000 000
12	32	贸易二科仓库	内贸二科		是	2 000 000
13	33	高压釜仓库	机加车间	先进先出法		

4. 货位档案

序号	货位编码	货位名称	所属仓库	最大体积	最大重量
1	01	原料货位	原料库	3 600	3 600
2	0101	主料区		1 000	1 000
3	010105	维生素 C 货架		200	200
4	0102	辅料区		500	500
5	010201	活性炭货架		100	100
6	010202	碱粉货架		100	100
7	010203	面粉货架		100	100
8	010204	化学浆糊货架		100	100
9	0103	包装物区		800	800
10	010301	玻璃瓶货架		200	200
11	12	针剂货位	针剂库	600	600
12	1203	丹参注射剂		200	200
13	13	胶囊货位	胶囊库	300	300
14	1301	复方胶囊货架		100	100
15	23	华东办事处货位	华东办事处仓库	300	300
16	2302	针剂区		100	100
17	2303	胶囊区		100	100
18	32	贸易二科货位	贸易二科仓库	400	400
19	3201	西药区		100	100
20	3202	中成药区		100	100
21	3203	药材饮片区		100	100
22	3204	医疗器械区		100	100

5. 存货档案

存货档案(2—1)

序号	存货编码	存货名称	规格型号	存货大类名称	计量单位组名称	主计量单位名称	销售默认计量单位名称	采购默认计量单位名称	库存默认计量单位名称	是否销售	是否外购	是否自制	是否生产耗用	是否在制	是否应税劳务	税率
1	0005	维生素 C	1L	主料	瓶与升	升	升	瓶	瓶		是		是			
2	1001	活性炭	50KG	辅料	桶与千克	千克	千克	桶	桶		是		是			
3	1002	碱粉		辅料	桶与千克	千克	千克	桶	桶		是		是			
4	1003	面粉	50KG	辅料	桶与千克	千克	千克	桶	桶		是		是			
5	1004	化学浆糊		辅料	桶与千克	千克	千克	桶	桶		是		是			
6	2001	玻璃瓶		包装物	无换算关系	个				是	是		是			
7	4003	丹参注射液		自制针剂(302)	包装 2	瓶	盒	瓶	箱	是		是	是			17
8	5001	复方胶囊		自制胶囊(303)	包装 1	板	盒	板	箱	是		是				
9	6001	乙酰螺旋霉素		外购片剂(40101)	包装 1	板	盒	箱	盒	是	是					
10	6003	红霉素片	48S	外购片剂(40101)	包装 1	板	板	板	箱	是	是					
11	8001	VC 胶囊	60S	外购胶囊(40103)	包装 1	板	盒	箱	箱	是	是					
12	8002	速效感冒胶囊		外购胶囊(40103)	包装 1	板	盒	箱	箱	是	是					
13	B001	外购药品运费		外购药品费用	无换算关系	个									是	7
14	C003	六味地黄丸	200S	中成药	包装 4	盒	箱	箱	箱	是	是					
15	C004	藿香正气丸	200S	中成药	包装 4	盒	箱	箱	箱	是	是					
16	D001	甘草	统片	药材饮片	重量	千克	千克	千克	吨	是	是					
17	D004	当归	统片	药材饮片	重量	千克	千克	千克	吨	是	是					
18	E001	一次性输液器	7＃	医疗器械	包装 3	支	支	支	盒	是	是					17
19	E002	一次性注射器	5ML	医疗器械	包装 3	支	支	支	盒	是	是					
20	E003	胶布	26＊500	医疗器械	卷与米	米	卷	卷	卷	是	是					
21	E005	听诊器	单用	医疗器械	无换算关系	个				是	是					
22	E006	表式血压计	XBIIB	医疗器械	无换算关系	只				是	是					
23	F001	外购材料运费		材料采购费用	无换算关系	个									是	7
24	G001	医用高压釜		医用高压釜	无换算关系	套				是	是	是	是	是		
25	H001	不锈钢釜盖		自制医用高压釜	无换算关系	千克					是	是	是	是		
26	H002	不锈钢釜体		自制医用高压釜	无换算关系	千克						是	是	是		17
27	H003	不锈钢钢板		钢材	无换算关系	千克					是		是			
28	H004	不锈钢钢板		钢材	无换算关系	千克					是		是			

存货档案(2—2)

序号	存货编码	存货名称	计价方式	参考成本	参考售价	最高售价	最低进价	最高库存	最低库存	安全库存	积压标准	ABC分类	是否批次管理	是否保质期管理	保质期	货位名称
1	0005	维生素C	移动平均法	30		31		80	20	50	200	C				维生素C货架
2	1001	活性炭	移动平均法	4		5		1 000	30	100	1 500	C				活性炭货架
3	1002	碱粉	移动平均法	1.5		3		1 000	30	60	2 000	C				碱粉货架
4	1003	面粉										C				面粉货架
5	1004	化学浆糊	移动平均法									C				化学浆糊货架
6	2001	玻璃瓶	移动平均法									C				玻璃瓶货架
7	4003	丹参注射液	移动平均法									C	是	是	720	丹参注射剂
8	5001	复方胶囊	移动平均法									C	是	是	720	复方胶囊货架
9	6001	乙酰螺旋霉素	先进先出法									C	是	是	720	西药区
10	6003	红霉素片	先进先出法									C				西药区
11	8001	VC胶囊	先进先出法									C	是	是	720	西药区
12	8002	速效感冒胶囊	先进先出法										是	是	720	西药区
13	B001	外购药品运费														
14	C003	六味地黄丸	先进先出法	4	6	5	5.5	80	10	15	120	C	是	是	720	中成药区
15	C004	藿香正气丸	先进先出法	2.8	6	4	4.5	80	10	30	120	C	是	是	720	中成药区
16	D001	甘草	后进先出法	3.5	19	5.5	6	150	100	120	250	C				药材饮片区
17	D004	当归	后进先出法	5	22	6.5	7	150	100	120	250	C				药材饮片区
18	E001	一次性输液器	先进先出法									C				医疗器械区
19	E002	一次性注射器	先进先出法									C				医疗器械区
20	E003	胶布	先进先出法									C				医疗器械区
21	E005	听诊器	个别计价法									B				医疗器械区
22	E006	表式血压计	个别计价法													
23	F001	外购材料运费														
24	G001	医用高压釜	全月平均法									A				
25	H001	不锈钢釜盖	移动平均法									A				
26	H002	不锈钢釜体	移动平均法													
27	H003	不锈钢钢板	移动平均法													
28	H004	不锈钢钢板	移动平均法													

6. 收发类别(收发类别名称录入 6 个汉字即可)

序　号	收发类别编码	收发类别名称	收发标志
1	1	入库分类	收
2	101	原材料采购入库	
3	102	外购药品采购	
4	103	半成品入库	
5	104	产成品入库	
6	105	调拨入库	
7	106	盘盈入库	
8	107	其他入库	
9	108	工程采购入库	
10	109	低值易耗品入库	
11	110	包装物采购入库	
12	2	出库分类	发
13	201	材料领用出库	
14	202	半成品领用出库	
15	203	自制产品销售出库	
16	204	产品自用出库	
17	205	外购药品销售	
18	206	材料销售出库	
19	207	退料入库	
20	208	调拨出库	
21	209	盘亏出库	
22	210	低值易耗品领用出库	
23	211	包装物领用出库	
24	212	其他出库	

7. 采购类型

采购类型编码	采购类型名称	入库类别	是否默认值
1	原材料采购	原材料采购入库	是
2	药品采购	外购药品采购	
3	低值易耗品采购	低值易耗品入库	
4	包装物采购	包装物采购入库	

8. 销售类型

销售类型编码	销售类型名称	出库类别	是否默认值
1	国内销售	自制产品销售出库	是
2	出口销售	自制产品销售出库	

9. 录入物料清单并审核

母件编码	母件名称	部门编码	子项编码	子项名称	主计量单位	基本用量分子	存货仓库
4003	丹参注射液	090102	1001	活性炭	千克	0.2	原料库
			1002	碱粉	千克	0.5	
			1004	化学浆糊	千克	0.9	
			2001	玻璃瓶	个	1	
5001	复方胶囊	090103	0005	维生素 C	升	1	原料库
			1001	活性炭	千克	2	
			1002	碱粉	千克	5	
			1003	面粉	千克	5	
H001	不锈钢釜盖	12	H003	不锈钢钢板	千克	100	高压釜仓库
			H004	不锈钢钢板	千克	200	

10. 费用项目

费用项目编码	费用项目名称
001	运输费用
002	包装费
003	装卸费
004	保险费
005	业务招待费
006	差旅费
007	仓库租金

11. 存货系统——存货科目设置

存货分类编码	存货分类名称	存货科目编码	存货科目名称	分期发出商品科目码	分期收款发出商品科目名称	委托代销发出商品科目编码	委托代销发出商品科目名称	直运科目编码	直运科目名称
1	原辅材料	1403	原材料						
2	包装物	141101	包装物						
3	自制产品	140501	自制库存商品	1406	发出商品	1409	委托代销商品		
4	外购医药商品	140502	外购库存商品	1406	发出商品	1409	委托代销商品	1401	材料采购
501	材料采购费用	1403	原材料						
502	外购药品费用	140502	外购库存商品						

12. 存货系统——对方科目设置

收发类别名称	存货分类编码	存货分类名称	对方科目编码	对方科目名称	暂估科目编码	暂估科目名称
自制产品销售出库			6401	主营业务成本		
产成品入库			50010106	转出完工产品		
调拨入库			140502	外购库存商品		
盘盈入库			190101	待处理流动资产损溢		
材料领用出库			50010103	材料费		
外购药品销售出库			6401	主营业务成本		
退料入库			50010103	材料费		
调拨出库			140502	外购库存商品		
盘亏出库			190101	待处理流动资产损溢		
包装物领用出库			50010103	材料费		
	1	原辅材料	1401	材料采购	220203	暂估应付款
	2	包装物	1401	材料采购	220203	暂估应付款
	4	外购医药商品	1401	材料采购	220203	暂估应付款

13. 存货系统——跌价准备

跌价准备设置

存货分类	跌价准备科目	计提费用科目
3——自制药品	1471——存货跌价准备	670102——计提的存货跌价准备
4——外购医药商品	1471——存货跌价准备	670102——计提的存货跌价准备

二、应收款系统——初始设置

1. 基本科目设置

基本科目	本　币	外　币
应收科目	112201	112202、112203
预收科目	220301	220302
销售收入科目	6001	
税金科目	22210105	
销售退回科目	6001	
银行承兑科目	112102	
商业承兑科目	112101	
现金折扣科目	6603	
票据利息科目	6603	
票据费用	6603	
汇兑损益科目	6603	
币种兑换差异科目	6603	

2. 结算方式科目设置

结算方式	币　种	科　目
现金	人民币	1001
现金支票	人民币	10020101
转账支票	人民币	10020101
银行汇票	人民币	10020101
银行承兑汇票	人民币	112102
商业承兑汇票	人民币	112101

3. 坏账准备初始设置

提取比率:0.5%;

提取准备期初余额:14.27;

坏账准备科目:1231;

对方科目:670101(计提的坏账准备)。

三、应付款系统——初始设置

1. 基本科目设置

基本科目	本　币
应付科目	220201
预付科目	1123
采购科目	1401
税金科目	22210101
银行承兑科目	220102
商业承兑科目	220101
现金折扣科目	6603
票据利息科目	6603
票据费用科目	6603
汇兑损益科目	6603
币种兑换差异科目	6603

2. 应付款系统——结算方式科目设置

结算方式	币　种	科　目
现金	人民币	1001
现金支票	人民币	10020101
转账支票	人民币	10020101
银行汇票	人民币	101203
银行承兑汇票	人民币	220102
商业承兑汇票	人民币	220101

四、单据格式设计

1. 库存期初、采购入库单、材料出库单、销售出库单、产成品入库单，表体增加“批号”“生产日期”“货位”项目。

2. 调拨单、发货单、委托代销发货单，表体增加“批号”“生产日期”项目。

3. 采购入库单、产成品入库单、其他入库单表头中的入库类别设置为“必输项”。

4. 销售出库、材料出库单表头中的出库类别设置为“必输项”。

五、单据编码设计

采购入库单加前缀 cgrk，流水号 5 位。

产成品入库单前缀 cprk，流水号 5 位。

材料出库单加前缀 clck，流水号 3 位。

销售出库单加前缀 xsck，流水号 3 位。

实验十一 供应链系统——期初数据

实验目的

1. 掌握供应链各系统期初余额录入和记账的方法。
2. 了解供应链期初余额整理的方法和思路。
3. 理解存货系统和库存系统、销售系统之间的期初数据关系。

实验要求

1. 录入各系统期初数据。
2. 完成期初记账处理。

注意：修改存货数量时，同时修改"货位"数据。

实验资料

一、采购期初业务

1.录入期初暂估业务

2009—02—28，从新特研究所采购原材料——活性炭 510 千克，因途中合理损耗 10 千克，只有 500 千克入原材料库活性炭货位，发票未收到，暂估单价 3.80 元。

2.录入期初在途业务

2009—02—27，从上海制药采购原材料——化学浆糊 100 千克，单价 0.5 元，专用发票已收到，货物在运输途中。

3.采购【期初记账】

二、销售期初业务

2009—02—28，委托普净医药商场销售丹参注射液 100 瓶，出库无税单价 8 元，从针剂库发货，尚未收到结算单。

三、库存期初数据

逐个仓库录入库存期初数据，并进行【批审】。

仓库名称	仓库编码	存货编码	存货名称	数量	单价	金额	批号	生产日期	货位
原料库	01	1001	活性炭	800.00	4.20	3 360.00			活性炭货架
		1002	碱粉	1 800.00	1.60	2 880.00			碱粉货架
		1004	化学浆糊	480.00	0.50	240.00			化学货架
		2001	玻璃瓶	700.00	0.10	70.00			玻璃瓶货架
		0005	维生素 C	620.00	35.00	21 700.00			维生素 C 货架
		1003	面粉	1 600.00	0.90	1 440.00			面粉货架
东北办事处仓库	21	6003	红霉素片	360.00	3.00	1 080.00			
		5001	复方胶囊	250.00	5.50	1 375.00	20070605	2007—06—05	
贸易部仓库	31	C003	六味地黄丸	1 500.00	4.00	6 000.00	20090201	2009—02—01	
		C004	藿香正气丸	1 200.00	2.80	3 360.00	20090102	2009—01—02	
		6003	红霉素片	800.00	3.00	2 400.00			
		D001	甘草	450.00	3.50	1 575.00			
贸易二科仓库	32	8001	VC 胶囊	780.00	3.00	2 340.00	20070714	2007—07—14	西药区
		8001	VC 胶囊	300.00	3.10	930.00	20090101	2009—01—01	西药区
		8002	速效感冒胶囊	760.00	3.20	2 432.00	20070705	2007—07—05	西药区
		6001	乙酰螺旋霉素	630.00	4.50	2 835.00	20070605	2007—06—05	西药区
		C004	藿香正气丸	520.00	2.80	1 456.00	20090206	2009—02—06	中成药区
		C003	六味地黄丸	420.00	4.00	1 680.00	20070506	2007—05—06	中成药区

四、存货期初数据

1. 期初委托代销发出商品

执行【取数】操作。

执行【查询】操作，并填入发货金额 936 元，科目编码：1409—委托代销商品。

2. 存货期初数据——从库存系统逐个仓库【取数】，并填入存货科目编码

仓库名称	仓库编码	存货编码	存货名称	存货科目编码
原料库	01	1001	活性炭	1403
		1002	碱粉	
		1004	化学浆糊	
		2001	玻璃瓶	141101
		0005	维生素 C	1403
		1003	面粉	
东北办事处仓库	21	6003	红霉素片	140502
		5001	复方胶囊	140501

续表

仓库名称	仓库编码	存货编码	存货名称	存货科目编码
贸易部仓库	31	C003	六味地黄丸	140502
		C004	藿香正气丸	
		6003	红霉素片	
		D001	甘草	
贸易二科仓库	32	8001	VC胶囊	140502
		8001	VC胶囊	
		8002	速效感冒胶囊	
		6001	乙酰螺旋霉素	
		C004	藿香正气丸	
		C003	六味地黄丸	

3. 存货【期初记账】

4. 对账

存货核算系统——库存管理系统

存货核算系统——总账系统

5. 跌价准备期初数据:2009－02－28

存货编码	跌价余额
乙螺旋霉素	200
红霉素	300
VC胶囊	400
速效感冒胶囊	500

五、应收款系统期初余额

1.2009－02－27,销售给上地医院速效感冒胶囊260板,单价6.5元并开具专用发票,货款尚未收到。

2.2009－02－28,销售给长寿药所乙螺旋霉素100盒,单价7.5元并开具专用发票,货款尚未收到。

六、应付款期初余额

1.2009－02－28,收到海中王公司开具专用发票一张,六味地黄丸130盒,单价6元,款项尚未支付。

2.2009－02－28,收到长沙江口制药开具的专用发票一张,藿香正气丸100盒,单价4元,款项尚未支付。

实验十二 采购业务

实验目的

1. 理解、掌握采购业务发生后，采购部门、库存部门、财务部门等协同操作的处理流程和内容。

2. 掌握采购订单、采购入库单的录入和审核，采购结算，暂估成本录入，结算成本处理，退货等业务的操作方法。

3. 理解、掌握采购业务相关凭证的生成过程和控制要求。

4. 熟悉采购账表的查询操作和账表内容。

实验要求

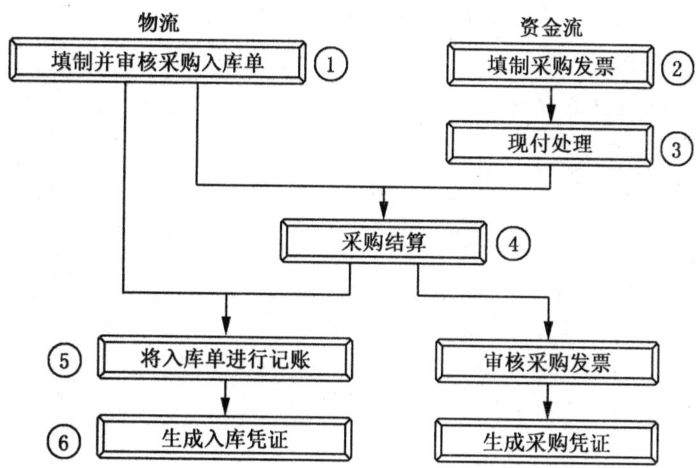

注意：正常单据记账时按题中要求的 2009－03－21 登录系统，以便取得同所给实验答案相一致的结果。

实验资料

一、录入采购请购单

1. 2009－03－01，材料采购一部业务员王海洋请购玻璃瓶 300 个。

2. 2009－03－02，东北办事处李飞请购红霉素片 1 270 板。

二、参照生成采购订单

经有关领导审核，上述两笔业务同意采购，填制采购订单。分别从辽宁制药八厂和吉林江人制药厂购入。

三、填制、审核采购入库单和相关发票

1. 2009－03－02，从上海制药采购原材料——碱粉和面粉，货已到入原料库，其中碱粉100千克，入碱粉货架；面粉60千克，入面粉货架，同时收到专用发票一张，碱粉单价1.28元，面粉单价0.95元。货款以工商银行转账支票方式支付，结算票号：2568。

2. 2009－03－03，从南京制药公司采购药品——VC胶囊和速效感冒胶囊，到货入贸易二科仓库——西药区货架，其中VC胶囊250板，生产日期2005－09－01，批号20050901，单价3.00元；速效感冒胶囊400板，单价3.80元，生产日期2009－03－02，批号20090302。同时收到专用发票和运费发票，运费金额220.00元，货款和运费都未支付。

3. 2009－03－04，从五洲制药采购药品VC胶囊和藿香正气丸，到货入贸易二科仓库，其中VC胶囊350板，入西药区货架，生产日期2009－01－01，批号20090101，单价3.20元；藿香正气丸1 000盒入中成药区，生产日期2009－01－01，批号20090101，单价2.90元。同时收到专用发票一张，货款未付，付款条件编码为02。

4. 2009－03－05，从通人康公司采购包装物——玻璃瓶，到货入原料库玻璃瓶货架，数量1 500个，发票尚未收到。

5. 2009－03－06，从江人制药集团采购药品——红霉素片，到货入东北办事处仓库，数量1 270板，发票尚未收到。

6. 2009－03－07，从制药八厂采购包装物——玻璃瓶，货到入原料库——玻璃瓶货架，数量300个，单价0.15元，收到专用发票一张，货款未付。

7. 2009－03－08，从新特研究所采购活性炭入原料库——活性炭货架，数量600千克，单价3.50元，收到专用发票一张，货款未付。

8. 2009－03－09，收到新特研究所开具的期初暂估入库活性炭业务的采购专用发票一张。单价4.50元，数量510千克，货款以工商银行转账支票支付，结算票号：2789，银行账号：2255。（入库信息见前面采购期初暂估业务）

9. 2009－03－12，期初在途材料到货，入原料库——化学浆糊货架。具体信息见前面采购期初在途业务。

四、退货业务

2009－03－20，因产品质量原因，2009－03－08从新特研究所购入的600千克活性炭从原材料库进行退货处理，并填写红字专用发票。

五、采购结算

重新登录，以下操作业务日期均为 操作日期 2009-03-21

1. 手工结算

第2笔业务按金额分摊采购运费并结算。

第8笔业务处理合理损耗并结算。具体合理损耗信息参见前面采购期初暂估业务。

2. 自动结算

六、存货系统——暂估成本录入

1. 2009－03－05，玻璃瓶采购已入原料库 1 500 个，暂估价：0.20 元。
2. 2009－03－06，采购药品红霉素片已入东北办事处仓库 1 270 板，暂估价：2.80 元。

七、存货系统——结算成本处理(系统自动生成"蓝字回冲单")

八、存货系统——3 月 21 日正常单据记账(出库单上系统已填写的金额记账时重新计算)

九、生成记账凭证

十、账表查询

1. 查询 3 月 1～5 日入原料库的存货：________。
2. 显示天津五洲制药开来的采购发票：________。
3. 查询从吉林新特药所采购的活性炭暂估单价：________，结算单价：________。
4. 查询本月采购入库存货的无税金额：________。

附 5:采购业务实验结果

1. 采购管理系统一入库单列表(13 条记录)

仓　库	入库日期	入库单号	入库类别	供货单位	存货名称	数　量
原料库	2009－02－28	cgrk00001	原材料采购	吉林新特药所	活性炭	500
原料库	2009－03－02	cgrk00002	原材料采购	上海制药公司	碱粉	100
原料库	2009－03－02	cgrk00002	原材料采购	上海制药公司	面粉	60
贸易二科仓库	2009－03－03	cgrk00003	外购药品采购	南京制药厂	VC 胶囊	250
贸易二科仓库	2009－03－03	cgrk00003	外购药品采购	南京制药厂	速效感冒	400
贸易二科仓库	2009－03－04	cgrk00004	外购药品采购	天津五洲制药	VC 胶囊	350
贸易二科仓库	2009－03－04	cgrk00004	外购药品采购	天津五洲制药	藿香正气丸	1 000
原料库	2009－03－05	cgrk00005	包装物采购	北京通人康	玻璃瓶	1 500
东北办事处库	2009－03－06	cgrk00006	外购药品采购	吉林江人制药	红霉素片	1 270
原料库	2009－03－07	cgrk00007	包装物采购	辽宁制药八厂	玻璃瓶	300
原料库	2009－03－08	cgrk00008	原材料采购	吉林新特药所	活性炭	600
原料库	2009－03－12	cgrk00009	原材料采购	上海制药公司	化学浆糊	100
原料库	2009－03－20	cgrk00010	原材料采购	吉林新特药所	活性炭	－600
合　计						5 830

2. 采购发票列表(12 条记录)

业务类型	采购类型	发票号	开票日期	供应商名称	存货名称	数量	单价	金额	原币税额	价税合计
普通	原料采购	0000000001	2009－02－27	上海制药	化学浆糊	100	0.50	50	8.50	58.50
普通	原料采购	0000000004	2009－03－02	上海制药	碱粉	100	1.28	128	21.76	149.76
普通	原料采购	0000000004	2009－03－02	上海制药	面粉	60	0.95	57	9.69	66.69
普通	药品采购	0000000005	2009－03－03	南京制药	VC 胶囊	250	3	750	127.50	877.50
普通	药品采购	0000000005	2009－03－03	南京制药	速效感冒	400	3.80	1 520	258.40	1 778.40
普通	药品采购	0000000006	2009－03－04	天津五洲	VC 胶囊	350	3.20	1 120	190.40	1 310.40
普通	药品采购	0000000006	2009－03－04	天津五洲	藿香正气丸	1 000	2.90	2 900	493	3 393
普通	包装物采购	0000000007	2009－03－07	辽宁制药	玻璃瓶	300	0.15	45	7.65	52.65
普通	原料采购	0000000008	2009－03－08	吉林新特	活性炭	600	3.50	2 100	357	2 457
普通	原料采购	0000000009	2009－03－09	吉林新特	活性炭	510	4.50	2 295	390.15	2 685.15
普通	药品采购	0000000001	2009－03－03	南京制药	购药品运费			204.60	15.40	220
普通	原料采购	0000000010	2009－03－20	吉林新特	活性炭	－600	3.50	－2 100	－357	－2 457

3. 采购结算单列表(12 条记录)

结算号	结算日期	供应商	入库单号	存货名称	结算数量	结算单价	结算金额
1	2009－03－21	吉林新特药所	cgrk00001	活性炭	500	4.59	2 295
2	2009－03－21	南京制药厂	cgrk00003	VC 胶囊	250	3.27	817.60
2	2009－03－21	南京制药厂	cgrk00003	速效感冒	400	4.14	1 657
2	2009－03－21	南京制药厂		外购药品运费			
3	2009－03－21	天津五洲制药	cgrk00004	VC 胶囊	350	3.20	1 120
3	2009－03－21	天津五洲制药	cgrk00004	藿香正气丸	1 000	2.90	2 900
4	2009－03－21	辽宁制药八厂	cgrk00007	玻璃瓶	300	0.15	45
5	2009－03－21	上海制药公司	cgrk00002	碱粉	100	1.28	128
5	2009－03－21	上海制药公司	cgrk00002	面粉	60	0.95	57
6	2009－03－21	吉林新特药所	cgrk00008	活性炭	600	3.50	2 100
6	2009－03－21	吉林新特药所	cgrk00010	活性炭	－600	3.50	－2 100
7	2009－03－21	上海制药公司	cgrk00009	化学浆糊	100	0.50	50
	合　计				3 060		9 069.60

4. 采购业务凭证(11 张)

日期	类型	凭证号	摘要	科目代码	科目名称	借方金额	贷方金额	凭证来源
2009－03－31	转款	0032	采购入库单	1403	原材料	185.00		存货核算
2009－03－31	转款	0032	采购入库单	1401	材料采购		185.00	存货核算
2009－03－31	转款	0033	采购入库单	140502	外购库存商品	2 474.60		存货核算
2009－03－31	转款	0033	采购入库单	1401	材料采购		2 474.60	存货核算
2009－03－31	转款	0034	采购入库单	140502	外购库存商品	4 020.00		存货核算
2009－03－31	转款	0034	采购入库单	1401	材料采购		4 020.00	存货核算
2009－03－31	转款	0035	采购入库单	141101	包装物	300.00		存货核算
2009－03－31	转款	0035	采购入库单	220203	暂估应付款		300.00	存货核算
2009－03－31	转款	0036	采购入库单	140502	外购库存商品	3 556.00		存货核算
2009－03－31	转款	0036	采购入库单	220203	暂估应付款		3 556.00	存货核算
2009－03－31	转款	0037	采购入库单	141101	包装物	45.00		存货核算
2009－03－31	转款	0037	采购入库单	1401	材料采购		45.00	存货核算
2009－03－31	转款	0038	采购入库单	1403	原材料	2 100.00		存货核算

续表

日期	类型	凭证号	摘要	科目代码	科目名称	借方金额	贷方金额	凭证来源
2009—03—31	转款	0038	采购入库单	1401	材料采购		2 100.00	存货核算
2009—03—31	转款	0039	采购入库单	1403	原材料	50.00		存货核算
2009—03—31	转款	0039	采购入库单	1401	材料采购		50.00	存货核算
2009—03—31	转款	0040	采购入库单	1403	原材料	—2 100.00		存货核算
2009—03—31	转款	0040	采购入库单	1401	材料采购		—2 100.00	存货核算
2009—03—31	转款	0053	红字回冲单	1403	原材料	—1 900.00		存货核算
2009—03—31	转款	0053	红字回冲单	220203	暂估应付款		—1 900.00	存货核算
2009—03—31	转款	0057	蓝字回冲单	1403	原材料	2 295.00		存货核算
2009—03—31	转款	0057	蓝字回冲单	1401	材料采购		2 295.00	存货核算

实验十三　应付款业务

实验目的

1. 掌握应付款业务的处理流程和具体操作方法。
2. 理解采购管理与应付款管理系统之间的数据传递和控制关系。

实验要求

1. 审核采购专用发票。
2. 录入付款单。
3. 手工核销。
4. 自动核销。
5. 生成应付款相关凭证。

实验资料

一、应付单据审核

审核采购系统已填写的采购专用发票。

二、付款单录入、审核

1. 2009－03－01，预付五洲制药厂货款 5 000 元，以工商银行转账支票方式支付，票据号：1357。

2. 2009－03－15，用工商银行转账支票支付制药八厂玻璃瓶货款 52.65 元，结算票号：2468。

3. 2009－03－16，用工商银行转账支票支付海中王公司货款 912.60 元，结算票号：2233。

4. 2009－03－17，以工商银行转账支票方式支付江口制药货款 468 元，结算票号：3628。

三、核销处理

1. 手工核销：五洲制药厂用预付款偿还前欠货款，计算日期 2009-03-31。
2. 自动核销。

四、制单处理

1. 发票制单。
2. 现结制单。
3. 收付款制单。
4. 核销制单。

五、账表查询

1. 查询业务余额表,掌握应付供应商的货款情况。
2. 查询系统自动生成的凭证。
3. 进行信用报警查询。

附 6:应付款业务实验结果

应付款业务凭证(13 张)

日期	类型	凭证号	摘要	科目代码	科目名称	借方金额	贷方金额	凭证来源
2009－03－31	付款	0014	付款单	1123	预付账款	5 000.00		应付系统
2009－03－31	付款	0014	付款单	10020101	工行——人民币		5 000.00	应付系统
2009－03－31	付款	0015	付款单	220201	应付供应商	52.65		应付系统
2009－03－31	付款	0015	付款单	10020101	工行——人民币		52.65	应付系统
2009－03－31	付款	0016	付款单	220201	应付供应商	912.60		应付系统
2009－03－31	付款	0016	付款单	10020101	工行——人民币		912.60	应付系统
2009－03－31	付款	0017	付款单	220201	应付供应商	468.00		应付系统
2009－03－31	付款	0017	付款单	10020101	工行——人民币		468.00	应付系统
2009－03－31	付款	0018	采购现付	1401	材料采购	185.00		应付系统
2009－03－31	付款	0018	采购现付	22210101	进项税额	31.45		应付系统
2009－03－31	付款	0018	采购现付	10020101	工行——人民币		216.45	应付系统
2009－03－31	付款	0019	采购现付	1401	材料采购	2 295.00		应付系统
2009－03－31	付款	0019	采购现付	22210101	进项税额	390.15		应付系统
2009－03－31	付款	0019	采购现付	10020101	工行——人民币		2 685.15	应付系统
2009－03－31	转款	0017	采购专用发票	1401	材料采购	2 270.00		应付系统
2009－03－31	转款	0017	采购专用发票	22210101	进项税额	385.90		应付系统
2009－03－31	转款	0017	采购专用发票	220201	应付供应商		2 655.90	应付系统
2009－03－31	转款	0018	运费发票	1401	材料采购	204.60		应付系统
2009－03－31	转款	0018	运费发票	22210101	进项税额	15.40		应付系统
2009－03－31	转款	0018	运费发票	220201	应付供应商		220.00	应付系统
2009－03－31	转款	0019	采购专用发票	1401	材料采购	4 020.00		应付系统
2009－03－31	转款	0019	采购专用发票	22210101	进项税额	683.40		应付系统
2009－03－31	转款	0019	采购专用发票	220201	应付供应商		4 703.40	应付系统
2009－03－31	转款	0020	采购专用发票	1401	材料采购	45.00		应付系统
2009－03－31	转款	0020	采购专用发票	22210101	进项税额	7.65		应付系统
2009－03－31	转款	0020	采购专用发票	220201	应付供应商		52.65	应付系统
2009－03－31	转款	0021	采购专用发票	1401	材料采购	2 100.00		应付系统
2009－03－31	转款	0021	采购专用发票	22210101	进项税额	357.00		应付系统
2009－03－31	转款	0021	采购专用发票	220201	应付供应商		2 457.00	应付系统
2009－03－31	转款	0022	采购专用发票	1401	材料采购	－2 100.00		应付系统
2009－03－31	转款	0022	采购专用发票	22210101	进项税额	－357.00		应付系统
2009－03－31	转款	0022	采购专用发票	220201	应付供应商		－2 457.00	应付系统
2009－03－31	转款	0023	核销	220201	应付供应商	4 703.40		应付系统
2009－03－31	转款	0023	核销	1123	预付账款	－4 703.40		应付系统

实验十四　库存业务

实验目的

1. 掌握出入库业务管理、货位管理、批次管理、保质期管理等系列库存业务的处理过程和控制方法。

2. 掌握库存业务的财务核算过程。

3. 理解信息流、资金流、物流"三流合一"的思想。

实验要求

1. 录入出库单、入库单据、调拨单、盘点单。

2. 单据记账。

3. 生成记账凭证。

4. 月末处理。

注意：涉及调拨业务要先执行【特殊单据记账】。

登录业务日期：操作日期 2009-03-22

实验资料

一、入库业务——产成品入库

1. 2009—03—12，针剂车间完工丹参注射液 300 瓶，入针剂库，生产日期 2009—03—11，批号 20090311，入库单价 7 元。

2. 2009—03—13，胶囊车间完工复方胶囊 350 板，入胶囊库，生产日期 2009—03—12，批号 20090312，入库单价 6 元。

二、出库业务——材料出库

1. 2009—03—07，针剂车间欲生产 400 瓶丹参注射液，通过配比方式领用原材料出库。

2. 2009—03—08，胶囊车间欲生产 300 盒复方胶囊，通过配比方式领用原材料出库。

三、其他业务——调拨业务

1. 2009—03—15，由内贸一科贸易部仓库调拨 200 盒六味地黄丸到东北办事处仓库。批号 20090201，生产日期 2009—02—01。

2. 2009—03—16，由内贸二科贸易二科仓库调拨 80 盒藿香正气丸到内贸一科贸易部仓库。批号 20090206，生产日期 2009—02—06。

3. 审核其他出库单和其他入库单。

四、月末仓库盘点

1. 2009—03—20，东北办事处仓库李飞盘点药品红霉素片，账面 1 630 盒，单价 2.8 元，盘点数量 1 600 盒，盘亏 30 盒。

2. 审核其他出库单。

五、存货系统——单据记账(出库单上系统已填写的金额记账时重新计算)

1. 特殊单据记账。
2. 正常单据记账。
3. 生成凭证。

六、月末处理

1. 对账。
2. 整理现存量。

七、账表查询

1. 查询藿香正气丸的分布状况：

仓库名称：________，现存数量：________，可用数量：________。

仓库名称：________，现存数量：________，可用数量：________。

2. 查看本月库存流水账。
3. 查询 2009 年 6 月期间失效的存货：________。
4. 查询本期维生素 C 货架期末结存数量合计：________。
5. 显示本月收发存汇总表(自己确定显示项目)。
6. 查询显示存货分布表。

附 7:库存管理业务实验结果

1. 材料出库单列表(8 条记录)

仓库	出库日期	出库单号	业务类型	出库类别编码	材料名称	数量	无税单价	无税金额	产量
原料库	2009—03—07	clck00001	配比出库	201	活性炭	80	4.69	375.20	400
原料库	2009—03—07	clck00001	配比出库	201	碱粉	200	1.58	316	400
原料库	2009—03—07	clck00001	配比出库	201	化学浆糊	360	0.50	180	400
原料库	2009—03—07	clck00001	配比出库	201	玻璃瓶	400	0.17	68	400
原料库	2009—03—08	clck00002	配比出库	201	维生素 C	300	35	10 500	300
原料库	2009—03—08	clck00002	配比出库	201	活性炭	600	4.69	2 814	300
原料库	2009—03—08	clck00002	配比出库	201	碱粉	1 500	1.58	2 370	300
原料库	2009—03—08	clck00002	配比出库	201	面粉	1 500	0.90	1 350	300
合计						4 940		17 973.20	

2. 产成品入库单列表(2 条记录)

仓库	入库日期	入库单号	入库类别	产品名称	数量	本币无税单价	本币无税金额
针剂库	2009—03—12	cprk00001	产成品入库	丹参注射液	300	7	2 100
胶囊库	2009—03—13	cprk00002	产成品入库	复方胶囊	350	6	2 100
合计					650		4 200

3. 其他出库单列表(3 条记录)

业务类型	仓库	出库日期	出库单号	出库类别	存货名称	数量	无税单价	无税金额
调拨出库	贸易部仓库	2009—03—22	0000000004	调拨出库	六味地黄丸	200	4	800
调拨出库	贸易二科仓库	2009—03—22	0000000005	调拨出库	藿香正气丸	80	2.80	224
盘亏出库	东北办事处仓库	2009—03—22	0000000006	盘亏出库	红霉素片	30	3	90
合计						310		1 114

4. 其他入库单列表(2 条记录)

业务类型	仓库	入库日期	入库单号	入库类别	存货名称	数量	无税单价	无税金额
调拨入库	东北办事处仓库	2009—03—22	0000000003	调拨入库	六味地黄丸	200	4	800
调拨入库	贸易部仓库	2009—03—22	0000000004	调拨入库	藿香正气丸	80	2.80	224
合计						280		1 024

5. 库存管理业务凭证列表(9 张凭证)

日　期	类型	凭证号	摘要	科目代码	科目名称	借方金额	贷方金额	凭证来源
2009—03—31	转款	0043	其他入库单	140502	外购库存商品	800.00		存货核算
2009—03—31	转款	0043	其他入库单	140502	外购库存商品		800.00	存货核算
2009—03—31	转款	0044	其他入库单	140502	外购库存商品	224.00		存货核算
2009—03—31	转款	0044	其他入库单	140502	外购库存商品		224.00	存货核算
2009—03—31	转款	0045	其他出库单	140502	外购库存商品	800.00		存货核算
2009—03—31	转款	0045	其他出库单	140502	外购库存商品		800.00	存货核算
2009—03—31	转款	0046	其他出库单	140502	外购库存商品	224.00		存货核算
2009—03—31	转款	0046	其他出库单	140502	外购库存商品		224.00	存货核算
2009—03—31	转款	0047	其他出库单	190101	待处理流动资产损溢	90.00		存货核算
2009—03—31	转款	0047	其他出库单	140502	外购库存商品		90.00	存货核算
2009—03—31	转款	0048	产成品入库单	140501	自制库存商品	2 100.00		存货核算
2009—03—31	转款	0048	产成品入库单	50010106	转出完工产品		2 100.00	存货核算
2009—03—31	转款	0049	产成品入库单	140501	自制库存商品	2 100.00		存货核算
2009—03—31	转款	0049	产成品入库单	50010106	转出完工产品		2 100.00	存货核算
2009—03—31	转款	0050	材料出库单	50010103	材料费	939.20		存货核算
2009—03—31	转款	0050	材料出库单	1403	原材料		871.20	存货核算
2009—03—31	转款	0050	材料出库单	141101	包装物		68.00	存货核算
2009—03—31	转款	0051	材料出库单	50010103	材料费	17 034.00		存货核算
2009—03—31	转款	0051	材料出库单	1403	原材料		17 034.00	存货核算

实验十五 销售业务

实验目的

1. 掌握销售业务发生后，销售部门、库存部门、财务部门协同处理的过程和方法。
2. 掌握不同类型销售业务的不同处理流程和操作方法。
3. 理解、掌握销售出库成本如何确定。
4. 熟练查询销售账表数据。

实验要求

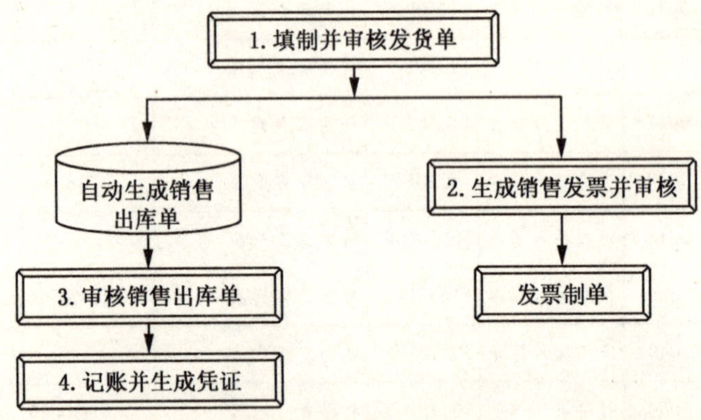

注意：先发货后开票模式——销售发票要参照发货单生成。

开票直接发货模式——发货单自动生成。

直运销售业务处理时不涉及出、入库单据。

执行单据记账时按 2009－03－31 登录，以便取得与答案相一致的结果。

实验资料

一、录入、审核发货单和销售专用发票

（批次近效期出货，涉及银行账号自行填写）

1. 2009－03－12，销售给普净医药商场红霉素片 50 板，从贸易部仓库发货，发生销售支出——装卸费 20 元，单价 3.00 元。开具专用发票，货款后收。

2. 2009－03－13，销售给长寿药所复方胶囊 180 板，从胶囊库货架出库，单价 9.00 元，用现金支付代垫运费 230.00 元。开出专用发票，货款后收。

3. 分期收款业务

2009－03－13，销售给安宁大厦六味地黄丸 600 盒、藿香正气丸 700 盒，从贸易部仓库发货。

2009－03－20，安宁大厦通过转账支票交来第一批货款（六味地黄丸 300 盒，单价 6.00 元；藿香正气丸 200 盒，单价 5.50 元），转账支票票号：5689，给对方开专用发票一张。

4. 委托代销业务

2009－03－14，委托康泰药房销售乙酰螺旋霉素 200 板，从贸易二科西药区货位出库，红霉素片 300 板，从贸易部仓库发货。

2009－03－25，康泰药房交来委托代销结算单，乙酰螺旋霉素 100 板，单价 7.50 元；红霉素 200 板，单价 4.00 元，转账支票票号：5647。

5. 直运销售业务

（1）2009－03－05，五环医院向本公司订购 120 千克甘草，单价 7 元，已签订销售订单。

（2）2009－03－09，本公司同南京制药厂签订采购合同，数量 120 千克，单价 5 元（采购系统）。

（3）2009－03－13，南京制药厂按合同给五环医院发货，并交来专用发票一张，款项未付。

（4）2009－03－16，销售业务完成，本公司给五环医院开出销售专用发票一张，款项未收。

6. 销售调拨业务

2009－03－16，本公司向长寿药所销售调拨：从贸易二科仓库——西药区出库 VC 胶囊 400 板，单价 6 元；从贸易二科仓库——西药区出库速效感冒胶囊 300 板；单价 6.50 元。另发生招待费 1 000 元。未收到货款。

7. 零售业务

2009－03－15，从贸易部仓库出货，共销售红霉素片 60 板，无税单价 4 元；甘草 110 千克，无税单价 7 元；六味地黄丸 600 盒，无税单价 7 元。现金已收到。

二、审核销售出库单并指定【货位】（库存管理系统）

三、存货系统——2009－03－31 登录系统

（出库单上系统已填写的金额记账时重新计算）

1. 直运销售记账。
2. 发出商品记账。
3. 正常单据记账。
4. 生成凭证。

注意：直运业务共生成 3 张凭证，其中采购业务凭证可以在应付款系统生成，也可以在存货核算系统生成。

四、账表查询

1. 查询从贸易部仓库发出的六味地黄丸的数量：________，单价：________。
2. 查询开给康泰大药房的销售专用发票价税合计：________。
3. 查询本月零售业务的价税合计数：________。
4. 查询本月的销售支出合计数：________。
5. 查询本月销售收入明细账，本币合计：________，税额合计：________。
6. 查询本月销售成本：________。

附8:销售管理业务实验结果

1. 销售发票列表(7条记录)

业务类型	发票号	开票日期	客户简称	仓库	货物名称	数量	无税单价	无税金额	价税合计
普通销售	000003	2009-03-12	普净医药	贸易部仓库	红霉素片	50	3	150	175.50
普通销售	000004	2009-03-13	长寿药所	胶囊仓库	复方胶囊	180	9	1 620	1 895.40
分期收款	000005	2009-03-20	安宁医药	贸易部仓库	六味地黄丸	300	6	1 800	2 106
分期收款	000005	2009-03-20	安宁医药	贸易部仓库	六味地黄丸	200	5.50	1 100	1 287
委托	000006	2009-03-31	康泰药房	贸易二科仓库	乙酰螺旋霉素	100	7.50	750	877.50
委托	000006	2009-03-31	康泰药房	贸易部仓库	红霉素片	200	4	800	936
直运销售	000007	2009-03-16	北京五环		甘草	120	7	840	982.80
合　计						1 150		7 060	8 260.20

2. 销售出库单列表(11条记录)

业务类型	仓库	出库单号	出库类别	客户	存货名称	数量	单价	无税金额
普通	贸易部仓库	xsck00001	产品销售出库	普净医药商场	红霉素片	50	3	150
普通	胶囊仓库	xsck00002	产品销售出库	长寿医药所	复方胶囊	180	5.79	1 042.20
分期	贸易部仓库	xsck00003	产品销售出库	安宁医药大厦	六味地黄丸	600		
分期	贸易部仓库	xsck00003	产品销售出库	安宁医药大厦	六味地黄丸	700		
委托	贸易部仓库	xsck00004	产品销售出库	康泰大药房	红霉素片	300		
委托	贸易二科仓库	xsck00005	产品销售出库	康泰大药房	乙酰螺旋霉素	200		
普通	贸易二科仓库	xsck00008	产品销售出库	长寿医药所	VC胶囊	400	3	1 200
普通	贸易二科仓库	xsck00008	产品销售出库	长寿医药所	速效感冒胶囊	300	3.20	960
普通	贸易部仓库	xsck00010	产品销售出库	零散客户	红霉素片	60	3	180
普通	贸易部仓库	xsck00010	产品销售出库	零散客户	六味地黄丸	600	4	2 400
普通	贸易部仓库	xsck00010	产品销售出库	零散客户	甘草	110	3.50	385
合　计						3 500		6 317.20

3. 销售业务出库成本凭证列表(10张凭证)

日期	类型	凭证号	摘要	科目代码	科目名称	借方金额	贷方金额	凭证来源
2009-03-31	转款	0054	专用发票	6401	主营业务成本	1 050.00		存货核算
2009-03-31	转款	0054	专用发票	1409	委托代销商品		1 050.00	存货核算
2009-03-31	转款	0055	专用发票	6401	主营业务成本	600.00		存货核算
2009-03-31	转款	0055	专用发票	1401	材料采购		600.00	存货核算

续表

日期	类型	凭证号	摘要	科目代码	科目名称	借方金额	贷方金额	凭证来源
2009—03—31	转款	0056	专用发票	6401	主营业务成本	1 760.00		存货核算
2009—03—31	转款	0056	专用发票	1406	发出商品		1 760.00	存货核算
2009—03—31	转款	0058	销售出库单	6401	主营业务成本	150.00		存货核算
2009—03—31	转款	0058	销售出库单	140502	外购库存商品		150.00	存货核算
2009—03—31	转款	0059	销售出库单	6401	主营业务成本	1 042.20		存货核算
2009—03—31	转款	0059	销售出库单	140501	自制库存商品		1 042.20	存货核算
2009—03—31	转款	0060	销售出库单	6401	主营业务成本	2 160.00		存货核算
2009—03—31	转款	0060	销售出库单	140502	外购库存商品		2 160.00	存货核算
2009—03—31	转款	0061	销售出库单	6 401	主营业务成本	2 965.00		存货核算
2009—03—31	转款	0061	销售出库单	140502	外购库存商品		2 965.00	存货核算
2009—03—31	转款	0062	采购发票	1401	材料采购	600.00		存货核算
2009—03—31	转款	0062	采购发票	22210101	进项税额	102.00		存货核算
2009—03—31	转款	0062※	采购发票	220201	应付供应商		702.00	存货核算
2009—03—31	转款	0041	发货单	1406	发出商品	4 360.00		存货核算
2009—03—31	转款	0041	发货单	140502	外购库存商品		4 360.00	存货核算
2009—03—31	转款	0042	委托代销发货单	1409	委托代销商品	1 800.00		存货核算
2009—03—31	转款	0042	委托代销发货单	140502	外购库存商品		1 800.00	存货核算

注意:转账凭证 0062 也可以在应付款系统生成。

实验十六 应收款管理

实验目的

1. 掌握应收款业务的处理流程和具体操作方法。
2. 理解销售管理与应收款管理系统之间的数据传递和控制关系。

实验要求

1. 审核销售专用发票。
2. 录入、审核收付款单据。
3. 自动核销已收款业务。
4. 处理坏账。
5. 生成记账凭证。

实验资料

一、应收单据审核

审核销售系统已录入并复核的销售专用发票。

二、收款单据录入及审核

1. 2009－03－04，收到长寿药所以工商银行汇票方式支付货款1 977.30元，结算票号：2841。

2. 2009－03－07，收到上地医院以工商银行转账支票方式支付货款 877.50 元，结算票号：1852。

3. 2009－03－26，收到五环医院以工商银行转账支票方式支付货款 982.80 元，结算票号：2362。

三、核销处理——自动核销

四、坏账处理

1. 2009－03－20，经确认普净医药货款 175.50 元只能收回 75.50 元，发生坏账 100 元。
2. 计提坏账准备。

五、制单处理

1. 发票制单。
2. 收付款制单。
3. 核销制单。

4. 坏账处理制单。

5. 应收单制单——贷方会计科目为:1001(现金)。

六、账表查询

1. 查询应收明细账,了解各客户货款的应收和收回情况。

2. 查询科目余额表,掌握各客户的欠款余额。

3. 进行发票查询,查询本期未核销的发票。

附9:应收款业务实验结果

应收业务凭证(13张凭证)

日期	类型	凭证号	摘要	科目代码	科目名称	借方金额	贷方金额	凭证来源
2009-03-31	收款	0007	收款单	10020101	工行——人民币	1 977.30		应收系统
2009-03-31	收款	0007	收款单	112201	应收人民币		1 977.30	应收系统
2009-03-31	收款	0008	收款单	10020101	工行——人民币	877.50		应收系统
2009-03-31	收款	0008	收款单	112201	应收人民币		877.50	应收系统
2009-03-31	收款	0009	收款单	10020101	工行——人民币	982.80		应收系统
2009-03-31	收款	0009	收款单	112201	应收人民币		982.80	应收系统
2009-03-31	收款	0010	现结	10020101	工行——人民币	1 813.50		应收系统
2009-03-31	收款	0010	现结	6001	主营业务收入		1 550.00	应收系统
2009-03-31	收款	0010	现结	22210105	销项税额		263.50	应收系统
2009-03-31	收款	0011	现结	1001	库存现金	6 095.70		应收系统
2009-03-31	收款	0011	现结	6001	主营业务收入		5 210.00	应收系统
2009-03-31	收款	0011	现结	22210105	销项税额		885.70	应收系统
2009-03-31	收款	0012	现结	10020101	工行——人民币	3 393.00		应收系统
2009-03-31	收款	0012	现结	6001	主营业务收入		2 900.00	应收系统
2009-03-31	收款	0012	现结	22210105	销项税额		493.00	应收系统
2009-03-31	付款	0020	其他应收单	112201	应收人民币	230.00		应收系统
2009-03-31	付款	0020	其他应收单	1001	库存现金		230.00	应收系统
2009-03-31	转款	0024	销售专用发票	112201	应收人民币	175.50		应收系统
2009-03-31	转款	0024	销售专用发票	6001	主营业务收入		150.00	应收系统
2009-03-31	转款	0024	销售专用发票	22210105	销项税额		25.50	应收系统
2009-03-31	转款	0025	销售专用发票	112201	应收人民币	1 895.40		应收系统
2009-03-31	转款	0025	销售专用发票	6001	主营业务收入		1 620.00	应收系统
2009-03-31	转款	0025	销售专用发票	22210105	销项税额		275.40	应收系统
2009-03-31	转款	0026	销售调拨单	112201	应收人民币	4 350.00		应收系统
2009-03-31	转款	0026	销售调拨单	6001	主营业务收入		4 350.00	应收系统
2009-03-31	转款	0027	销售专用发票	112201	应收人民币	982.80		应收系统
2009-03-31	转款	0027	销售专用发票	6001	主营业务收入		840.00	应收系统
2009-03-31	转款	0027	销售专用发票	22210105	销项税额		142.80	应收系统
2009-03-31	转款	0028	坏账发生	1231	坏账准备	100.00		应收系统
2009-03-31	转款	0028	坏账发生	112201	应收人民币		100.00	应收系统
2009-03-31	转款	0029	计提坏账准备	670101	计提坏账准备	118.48		应收系统
2009-03-31	转款	0029	计提坏账准备	1231	坏账准备		118.48	应收系统

实验十七　存货核算

实验目的

1. 掌握存货核算系统的主要功能；
2. 熟悉假退料业务的处理；
3. 理解、掌握各种成本的计算方法；
4. 熟练查询存货的各种账表。

实验要求

1. 假退料业务。
2. 单据记账。
3. 财务核算。

实验资料

一、日常业务

假退料业务

2009—03—30，胶囊车间本月领用维生素 C 剩余 50 升，单价 35 元，办理假退料，下月继续使用。

二、业务核算

正常单据记账。

三、财务核算

1. 生成凭证。
2. 凭证审核、记账(在总账系统处理)。
3. 与总账对账。
4. 发出商品与总账对账。

四、账表查询

1. 查询显示本月入库汇总表(按存货编码汇总和排序)。
2. 查询显示本月贸易部仓库普通销售的出库汇总情况。
3. 查询收发存汇总表，碱粉的结存数量：________，结存单价：________，结存金额：________。
4. 对原料库的存货进行 ABC 成本分析。
5. 进行 3 月份原材料库各种存货的入库成本分析。

计算自制药品存货大类的存货周转率：________，存货周转天数：________。

附 10:存货核算实验结果

假退料凭证(1 张)

日期	类型	凭证号	摘要	科目代码	科目名称	借方金额	贷方金额	凭证来源
2009—03—31	转款	0052	假退料单	50010103	材料费	—1 750.00		存货核算
2009—03—31	转款	0052	假退料单	1403	原材料		—1 750.00	存货核算

实验十八　期末月末处理

实验目的

1. 掌握全部系统期末结账的过程和顺序关系。
2. 掌握总账系统期末处理的全部业务。

实验要求

1. 依据供应链结账顺序依次结账。
2. 在总账系统完成系列结转、审核记账操作。
3. 编制财务报表。
4. 总账月末结转。

实验资料

一、供应链系统月末结账处理

1. 采购系统结账。
2. 销售系统结账。
3. 库存系统结账。
4. 存货系统。

(1)期末处理。

(2)平均单价计算。

(3)计提本期跌价准备。

存货编码	本期可变现价格
乙酰螺旋霉素	4.00
红霉素片	2.60
VC 胶囊	2.80
速效感冒胶囊	3.05

(4)跌价准备制单(审核、记账在总账系统中做)。

(5)结账。

5. 应收款系统结账。
6. 应付款系统结账。

二、总账系统月末处理

1.3 月 31 日处理下列业务:

注意:转账凭证生成有顺序关系的,序号在前的凭证要先审核、记账,然后再生成后面的转账凭证。

(1)3月31日,经上级批准,待处理财产损溢转入营业外支出。

借:营业外支出——非流动资产处理损失(671101)　　11 147.60
　贷:待处理财产损溢——待处理固定资产损溢(190102)　　11 057.60
　　待处理财产损溢——待处理流动资产损溢(190101)　　90

(2)自定义转账凭证0003,结转本期制造费用,其中针剂车间30%,片剂车间70%。

借:生产成本——基本生产成本——制造费用(50010102)　JG( ) *0.3 针剂车间
　生产成本——基本生产成本——制造费用(50010102)　JG( ) *0.7 片剂车间
　贷:制造费用——折旧费(510101)　QM(510101,月,借)
　　制造费用——管理人员工资(510102)　QM(510102,月,借)

(3)自定义转账凭证0004,结转本期"针剂车间"部分完工产品,转出各项成本要素的80%。

借:生产成本——基本生产成本——转出完工产品(50010106)　CE( )
　生产成本——基本生产成本——人工费(50010101)　QM(50010101,月,借)×0.8
　生产成本——基本生产成本——制造费(50010102)　QM(50010102,月,借)×0.8
　生产成本——基本生产成本——材料费(50010103)　QM(50010103,月,借)×0.8
　生产成本——基本生产成本——其他费(50010104)　QM(50010104,月,借)×0.8
　生产成本——基本生产成本——辅助费(50010105)　QM(50010105,月,借)×0.8

(4)自定义转账凭证0005,计算并缴纳本期增值税。

借:应交税费——应交增值税——已交税金(22210102) FS(22210105,月,贷)+FS(22210107,月,贷)-FS(22210101,月,借)-FS(22210104,月,借)
　贷:银行存款——工行——人民币(10020101)　CE( )　转账支票号:3468

(5)自定义转账凭证0006,应交城市维护建设税及教育费附加。

借:营业税金及附加(640304)　CE( )
　贷:应交税费——应交城市维护建设税(222104)　FS(22210102,月,借)×0.07+FS(222103,月,贷)×0.07
　　应交税费——应交教育费附加(222108)　FS(22210102,月,借)×0.03+FS(222103,月,贷)×0.03

(6)结转汇兑损益。

汇兑损益转入"6603-财务费用"科目。

(7)结转期间损益。

(8)自定义转账凭证0007,并生成应交所得税凭证。

借:所得税费用(6801)　QM(4103,月,贷)×0.33
　贷:应交税费——应交所得税(222106)　CE( )

(9)结转期间损益(结转所得税)。

(10)自定义对应结转凭证02,结转本年利润到利润分配科目。

借:本年利润(4103)

贷:利润分配——未分配利润(410405)

2. 对所有未记账凭证审核、记账。

3. 期末银行对账。

4. 编制本月资产负债表和利润表(对之前编制的报表进行重新计算即可)。

5. 总账系统结账。

附 11:期末业务实验结果

1. 本实验凭证列表(11 张)

日期	类型	凭证号	摘要	科目代码	科目名称	借方金额	贷方金额	凭证来源
2009—03—31	付款	0021	缴纳增值税	22210102	已交税金	469.95		总账系统
2009—03—31	付款	0021	缴纳增值税	10020101	工行——人民币		469.95	总账系统
2009—03—31	付款	0022	汇兑损益结转	100202	美元		3 182.80	总账系统
2009—03—31	付款	0022	汇兑损益结转	6603	财务费用	3 182.80		总账系统
2009—03—31	转款	0063	结转制造费用	510101	折旧费		14 187.04	总账系统
2009—03—31	转款	0063	结转制造费用	510101	折旧费		467.04	总账系统
2009—03—31	转款	0063	结转制造费用	510101	折旧费		1 192.54	总账系统
2009—03—31	转款	0063	结转制造费用	510101	折旧费		340.40	总账系统
2009—03—31	转款	0063	结转制造费用	510102	管理人员工资		3 111.75	总账系统
2009—03—31	转款	0063	结转制造费用	50010102	制造费	5 789.63		总账系统
2009—03—31	转款	0063	结转制造费用	50010102	制造费	13 509.14		总账系统
2009—03—31	转款	0064	结转部分完工成本	50010106	转出完工产品	19 537.82		总账系统
2009—03—31	转款	0064	结转部分完工成本	50010101	人工费		4 237.80	总账系统
2009—03—31	转款	0064	结转部分完工成本	50010102	制造费		4 631.70	总账系统
2009—03—31	转款	0064	结转部分完工成本	50010103	材料费		7 151.36	总账系统
2009—03—31	转款	0064	结转部分完工成本	50010105	辅助费		3 516.96	总账系统
2009—03—31	转款	0065	缴纳城市维护建设税及教育费附加	640304	城市维护建设税和教育费附加	47.00		总账系统
2009—03—31	转款	0065	缴纳城市维护建设税及教育费附加	222104	应交城市维护建设税		32.90	总账系统
2009—03—31	转款	0065	缴纳城市维护建设税及教育费附加	222108	应交教育费附加		14.10	总账系统
2009—03—31	转款	0066	待处理财产损溢	671101	非流动资产处置损失	11 147.60		总账系统
2009—03—31	转款	0066	待处理财产损溢	190102	待处理固定资产损溢		11 147.60	总账系统
2009—03—31	转款	0067	跌价准备	670102	计提存货跌价准备	286.60		存货核算
2009—03—31	转款	0067	跌价准备	1471	存货跌价准备		286.60	存货核算
2009—03—31	转款	0068	期间损益结转	4103	本年利润		9 637.59	总账系统
2009—03—31	转款	0068	期间损益结转	6001	主营业务收入	16 620.00		总账系统
2009—03—31	转款	0068	期间损益结转	6101	公允价值变动损益	2 000.00		总账系统
2009—03—31	转款	0068	期间损益结转	6111	投资收益	200 000.00		总账系统
2009—03—31	转款	0068	期间损益结转	630102	其他	1 200.00		总账系统
2009—03—31	转款	0068	期间损益结转	6401	主营业务成本		9 727.20	总账系统
2009—03—31	转款	0068	期间损益结转	640304	城市维护建设税和教育费附加		47.00	总账系统
2009—03—31	转款	0068	期间损益结转	660101	产品展览费		15 000.00	总账系统
2009—03—31	转款	0068	期间损益结转	660102	广告费		13 000.00	总账系统
2009—03—31	转款	0068	期间损益结转	660103	工资		26 519.20	总账系统
2009—03—31	转款	0068	期间损益结转	660201	差旅费		2 000.00	总账系统
2009—03—31	转款	0068	期间损益结转	660201	差旅费		500.00	总账系统
2009—03—31	转款	0068	期间损益结转	660201	差旅费		560.00	总账系统
2009—03—31	转款	0068	期间损益结转	660201	差旅费		1 680.00	总账系统
2009—03—31	转款	0068	期间损益结转	660202	人工费		2 850.00	总账系统

续表

日期	类型	凭证号	摘要	科目代码	科目名称	借方金额	贷方金额	凭证来源
2009－03－31	转款	0068	期间损益结转	660202	人工费		7 210.00	总账系统
2009－03－31	转款	0068	期间损益结转	660202	人工费		5 450.00	总账系统
2009－03－31	转款	0068	期间损益结转	660202	人工费		4 730.00	总账系统
2009－03－31	转款	0068	期间损益结转	660202	人工费		4 506.54	总账系统
2009－03－31	转款	0068	期间损益结转	660202	人工费		5 180.00	总账系统
2009－03－31	转款	0068	期间损益结转	660202	人工费		4 250.00	总账系统
2009－03－31	转款	0068	期间损益结转	660202	人工费		7 470.00	总账系统
2009－03－31	转款	0068	期间损益结转	660202	人工费		6 793.26	总账系统
2009－03－31	转款	0068	期间损益结转	660202	人工费		2 350.00	总账系统
2009－03－31	转款	0068	期间损益结转	660203	折旧费		6 001.40	总账系统
2009－03－31	转款	0068	期间损益结转	660203	折旧费		243.00	总账系统
2009－03－31	转款	0068	期间损益结转	660203	折旧费		7 622.10	总账系统
2009－03－31	转款	0068	期间损益结转	660204	财产保险费		7 100.00	总账系统
2009－03－31	转款	0068	期间损益结转	660205	无形资产摊销		1 000.00	总账系统
2009－03－31	转款	0068	期间损益结转	660206	福利费		7 110.58	总账系统
2009－03－31	转款	0068	期间损益结转	660207	工会经费		1 015.80	总账系统
2009－03－31	转款	0068	期间损益结转	660208	社保费		8 211.00	总账系统
2009－03－31	转款	0068	期间损益结转	660209	住房公积金		3 864.00	总账系统
2009－03－31	转款	0068	期间损益结转	660210	教育费附加		761.85	总账系统
2009－03－31	转款	0068	期间损益结转	6603	财务费用		3 982.80	总账系统
2009－03－31	转款	0068	期间损益结转	670101	计提坏账准备		118.48	总账系统
2009－03－31	转款	0068	期间损益结转	670102	计提存货跌价准备		286.60	总账系统
2009－03－31	转款	0068	期间损益结转	670104	计提固定资产减值准备		5 000.00	总账系统
2009－03－31	转款	0068	期间损益结转	671101	非流动资产处置损失		38 041.60	总账系统
2009－03－31	转款	0069	计算企业所得税	6801	所得税费用	3 180.40		总账系统
2009－03－31	转款	0069	计算企业所得税	222106	应交所得税		3 180.40	总账系统
2009－03－31	转款	0070	期间损益结转	4103	本年利润	3 180.40		总账系统
2009－03－31	转款	0070	期间损益结转	6801	所得税费用		3 180.40	总账系统
2009－03－31	转款	0071	结转本年利润分配	4103	本年利润	6 457.19		总账系统
2009－03－31	转款	0071	结转本年利润分配	410405	未分配利润		6 457.19	总账系统

※ 所有凭证共计105张。

2. 总账发生额及余额表(全部业务完成)

科目	科目名称	本期发生借方	本期发生贷方	期末借方	期末贷方
1001	库存现金	11 615.70	5 290.00	9 115.95	
1002	银行存款	9 767 044.10	812 862.11	10 018 141.99	
1101	交易性金融资产	2 000.00		302 000.00	
1122	应收账款	7 633.70	3 937.60	6 550.90	
1123	预付账款	296.60		296.60	
1221	其他应收款	1 200.00	2 000.00	1 200.00	

续表

科目	科目名称	本期发生借方	本期发生贷方	期末借方	期末贷方
1231	坏账准备	100.00	118.48		32.75
1401	材料采购	9 619.60	9 669.60		
1403	原材料	630.00	16 155.20	14 094.80	
1405	库存商品	16 298.60	14 615.20	29 146.40	
1406	发出商品	4 360.00	1 760.00	2 600.00	
1409	委托代销商品	1 800.00	1 050.00	1 686.00	
1411	周转材料	345.00	68.00	347.00	
1471	存货跌价准备		286.60		1 686.60
1511	长期股权投资			600 000.00	
1601	固定资产	261 000.00	65 000.00	9 403 788.31	
1602	累计折旧	26 048.40	30 053.52	5 399 043.11	
1603	固定资产减值准备		5 000.00		25 000.00
1604	在建工程	9 525.00		9 525.00	
1605	工程物资	152 100.00		152 100.00	
1606	固定资产清理	27 894.00	27 894.00		
1701	无形资产	150 000.00		174 000.00	
1702	累计摊销		1 000.00		1 000.00
1801	长期待摊费用			36 000.00	
1901	待处理财产损溢	11 147.60	11 147.60		
资产小计		10 460 658.30	1 007 907.91	20 760 592.95	5 426 762.46
2101	交易性金融负债				300 000.00
2202	应付账款	6 136.65	10 289.95		7 756.90
2211	应付职工薪酬	78 224.44	110 206.23		31 981.79
2221	应交税费	126 970.90	6 109.73		4 015.33
2241	其他应付款		18 292.50		18 292.50
2501	长期借款		206 000.00		1 206 000.00
负债小计		211 331.99	350 898.41		1 568 046.52
4001	实收资本		9 358 000.00		12 658 000.00
4002	资本公积				75 400.00
4101	盈余公积				500 000.00
4103	本年利润	9 637.59	9 637.59		
4104	利润分配		6 457.19		606 457.19
权益小计		9 637.59	9 374 094.78		13 839 857.19

续表

科目	科目名称	本期发生借方	本期发生贷方	期末借方	期末贷方
5001	生产成本	89 665.04	38 391.82	74 073.22	
5101	制造费用	19 298.77	19 298.77		
成本小计		108 963.81	57 690.59	74 073.22	
6001	主营业务收入	16 620.00	16 620.00		
6101	公允价值变动损益	2 000.00	2 000.00		
6111	投资收益	200 000.00	200 000.00		
6301	营业外收入	1 200.00	1 200.00		
6401	主营业务成本	9 727.20	9 727.20		
6403	营业税及附加	47.00	47.00		
6601	销售费用	54 519.20	54 519.20		
6602	管理费用	98 459.53	98 459.53		
6603	财务费用	3 982.80	3 982.80		
6701	资产减值损失	5 405.08	5 405.08		
6711	营业外支出	38 041.60	38 041.60		
6801	所得税费用	3 180.40	3 180.40		
损益小计		433 182.81	433 182.81		
合　计		11 223 774.50	11 223 774.50	20 834 666.17	20 834 666.17

3. 资产负债表(全部业务完成)

编制单位:北京医药　　2009 年 3 月 31 日　　单位:元

资　产	期末余额	年初余额	负债及所有者权益(或股东权益)	期末余额	年初余额
流动资产:			流动负债:		
货币资金	10 027 257.94	1 069 950.25	短期借款		
交易性金融资产	302 000.00	300 000.00	交易性金融负债	300 000.00	300 000.00
应收票据			应付票据		
应收账款	6 518.15	2 840.53	应付账款	7 756.90	3 603.60
预付款项	296.60		预收款项		
应收利息			应付职工薪酬	31 981.79	
应收股利			应交税费	4 015.33	124 876.50
其他应收款	1 200.00	2 000.00	应付利息		
存货	120 260.82	59 539.00	应付股利		
一年内到期的非流动资产			其他应付款	18 292.50	
其他流动资产			一年内到期的非流动负债		
流动资产合计	10 457 533.51	1 434 329.78	其他流动负债		

续表

资　产	期末余额	年初余额	负债及所有者权益(或股东权益)	期末余额	年初余额
非流动资产:			流动负债合计	362 046.52	428 480.10
可供出售金融资产			非流动负债:		
持有至到期投资			长期借款	1 206 000.00	1 000 000.00
长期应收款			应付债券		
长期股权投资	600 000.00	600 000.00	长期应付款		
投资性房地产			专项应付款		
固定资产	3 979 745.20	3 809 550.32	预计负债		
在建工程	9 525.00		递延所得税负债		
工程物资	152 100.00		其他非流动负债		
固定资产清理			非流动负债合计	1 206 000.00	1 000 000.00
生产性生物资产			负债合计	1 568 046.52	1 428 480.10
油气资产			所有者权益(或股东权益):		
无形资产	173 000.00	24 000.00	实收资本(或股本)	12 658 000.00	3 300 000.00
开发支出			资本公积	75 400.00	75 400.00
商誉			减:库存股		
长期待摊费用	36 000.00	36 000.00	盈余公积	500 000.00	500 000.00
递延所得税资产			未分配利润	606 457.19	600 000.00
其他非流动资产			所有者权益(或股东权益)合计	13 839 857.19	4 475 400.00
非流动资产合计	4 950 370.20	4 469 550.32			
资产总计	15 407 903.71	5 903 880.10	负债和所有者权益(或股东权益)总计	15 407 903.71	5 903 880.10

4. 利润表(全部业务完成)

编制单位:北京医药　　2009 年 3 月　　单位:元

项　目	本期金额	上期金额
一、营业收入	16 620.00	
减:营业成本	9 727.20	
营业税金及附加	47.00	
销售费用	54 519.20	
管理费用	98 459.53	
财务费用	3 982.80	
资产减值损失	5 405.08	
加:公允价值变动收益(损失以"—"号填列)	2 000.00	
投资收益(损失以"—"号填列)	200 000.00	
其中:对联营企业和合营企业的投资收益		
二、营业利润(亏损以"—"号填列)	46 479.19	
加:营业外收入	1 200.00	

续表

项　目	本期金额	上期金额
减：营业外支出	38 041.60	
其中：非流动资产处置损失		
三、利润总额（亏损总额以“—”号填列）	9 637.59	
减：所得税费用	3 180.40	
四、净利润（净亏损以“—”号填列）	6 457.19	
五、每股收益		
（一）基本每股收益		
（二）稀释每股收益		

附录

供应链各业务自动生成记账凭证一览表

业务内容	生成系统	生成依据	摘　要	记账凭证
采购业务	应付系统	采购发票	采购现结	借:材料采购 应交税费——增值税——进项税 贷:银行存款
		采购发票	采购未现结	借:材料采购 应交税费——增值税——进项税 贷:应付账款
		付款单	付款	借:应付账款 贷:银行存款
	存货系统	采购入库单	结转入库成本	借:存货等科目 贷:材料采购
普通销售业务	存货系统	销售出库单	结转销售成本	借:主营业务成本 贷:库存商品
	应收系统	销售发票	开出发票,收到货款	借:应收账款 (银行存款) 贷:主营业务收入 应交税费——增值税——销项税
委托代销业务	存货系统	委托代销发货单	发出委托代销商品	借:委托代销商品 贷:库存商品
	存货系统	委托代销发出商品专用发票	收到结算单,结转销售成本	借:主营业务成本 贷:委托代销商品
	应收系统	委托代销发出商品专用发票	确认收入	借:应收账款 (银行存款) 贷:主营业务收入 应交税费——增值税——销项税
分期收款业务	存货系统	分期收款发出商品发货单	发出商品	借:发出商品 贷:库存商品
	存货系统	分期收款发出商品专用发票	收到货款	借:主营业务成本 贷:发出商品
	应收系统	分期收款发出商品专用发票	确认收入	借:应收账款 (银行存款) 贷:主营业务收入 应交税费——增值税——销项税
零售业务	应收系统	零售日报单	确认收入	借:库存现金 贷:主营业务收入 应交税费——增值税——销项税
	存货系统	销售日报	结转销售成本	借:主营业务成本 贷:库存商品

续表

<table>
<tr><th>业务内容</th><th>生成系统</th><th>生成依据</th><th>摘　要</th><th>记账凭证</th></tr>
<tr><td rowspan="2">销售调拨业务</td><td>应收系统</td><td>销售调拨单</td><td>确认收入</td><td>借:应收账款
（银行存款）
贷:主营业务收入</td></tr>
<tr><td>存货系统</td><td>销售出库单</td><td>结转销售成本</td><td>借:主营业务成本
贷:库存商品</td></tr>
<tr><td rowspan="3">直运业务</td><td>应付系统</td><td>直运采购发票</td><td>采购</td><td>借:材料采购
应交税费——增值税——进项税
贷:银行存款
（应付账款）</td></tr>
<tr><td>应收系统</td><td>直运销售发票</td><td>确认收入</td><td>借:应收账款
（银行存款）
贷:主营业务收入
应交税费——增值税——销项税</td></tr>
<tr><td>存货系统</td><td>直运销售发票</td><td>结转销售成本</td><td>借:主营业务成本
贷:材料采购</td></tr>
<tr><td>材料领用出库</td><td>存货系统</td><td>材料出库单</td><td>原材料出库</td><td>借:生产成本
贷:原材料</td></tr>
<tr><td>产成品入库</td><td>存货系统</td><td>产成品入库单</td><td>产成品入库</td><td>借:库存商品
贷:生产成本</td></tr>
<tr><td rowspan="2">盘点</td><td rowspan="2">存货系统</td><td>其他入库单</td><td>盘盈</td><td>借:存货科目
贷:待处理财产损溢</td></tr>
<tr><td>其他出库单</td><td>盘亏</td><td>借:待处理财产损溢
贷:存货科目</td></tr>
<tr><td>调拨</td><td>存货系统</td><td>其他入库单/其他出库单</td><td>存货调拨</td><td>借:库存商品
贷:库存商品</td></tr>
</table>

注意:销售收款业务处理,参照采购业务付款业务处理。

第二章　管家婆软件上机实训案例

实验目的

1. 理解掌握管家婆软件的业务处理思想和流程。
2. 熟练掌握软件的主要功能和具体操作方法。
3. 比较管家婆与用友、速达等其他管理软件在处理思想和处理方法上的异同。

实验要求

根据企业基础资料和日常发生的经济业务，登录管家婆软件，在理解的基础上进行系统初始化，录入基础档案和期初余额并执行开账处理和日常业务处理。

实验资料

第一节　系统登录方法

按下列步骤登录管家婆系统：

1.执行“开始”菜单→“程序”→“管家婆辉煌版”→“套接字服务器”。

2.执行“开始”菜单→“程序”→“管家婆辉煌版”→“服务器”。

3.执行“开始”菜单→“程序”→“管家婆辉煌版”→“试用版”。

屏幕显示“登录向导”界面，其中“服务器名称或 IP”项由于单机运行，填写每台计算机的名称标识即可(可以选中“我的电脑”，右键单击查看计算机的名称，复制粘贴填入)。

第二节　创建账套

系统管理员账号：sa

系统管理员密码：无

账套名称：北京医药

数据库名称：bjyy

第三节　期初建账

登录日期:2009－04－01

账户名称:管理员

登录密码:无

一、系统维护——用户配置

单位简称:北京医药

单位全名:北京医药有限公司

单位地址:北京海淀区

税号登记号:123456

开户银行及账号:工商银行北京海淀支行

传真号码:010－688188

二、基本信息

1. 部门信息

部门编号	所属部门
01	总经理室
02	财务处
03	人事处
04	销售一部
05	销售二部
06	采购部
07	储运部

2. 内部职员

职员姓名	职员编号	所属部门
董　刚	1	总经理室
黎　明	2	财务处
李　立	3	人事处
黄宏伟	4	销售一部
孙　飞	5	销售二部
石　静	6	采购部
杨　柳	7	采购部
陆　野	8	储运部

3. 地区

01	本地
02	外地

4. 往来单位

单位编号	单位全名	单位简名	单位地址	税号	地区	开户行	收款期限	收款上限
0101	北京通人康制药	通人康	北京市昌邑	1111	本地	建行兴华支行		
0102	河北第三制药	第三制药	石家庄	2222	外地	工行石家庄支行		
0103	天津五洲制药	五洲制药	天津	3333	外地	建行天津支行		
0104	北京海中王药业	海中王药业	北京海淀	4444	本地	建行海淀支行		
0201	北京康泰大药房	康泰药房	北京市上地	5555	本地	上地农行	30	20 000
0202	天津安宁医药	安宁医药	天津	6666	外地		45	40 000
0203	北京五环医院	五环医院	北京	7777	本地		60	35 000

5. 存货仓库

仓库全名	仓库编号
中成药库	01
西药库	02
药材饮片库	03

6. 库存商品

商品编号	商品全名	商品简称	商品规格	基本单位
0101	六味地黄丸	六味地黄丸	200S	盒
0102	藿香正气丸	藿香正气丸	200S	盒
0201	速效感冒胶囊	速效感冒胶囊	10S	板
0202	红霉素片	红霉素片	48S	板
0203	VC 胶囊	VC 胶囊	60S	板
0301	当归	当归	统片	千克
0302	甘草	甘草	统片	千克

7. 银行科目

0141　建设银行

0142　工商银行

8. 费用类型

0433　管理费用

9. 固定资产

科目编号	科目全名	简名
0121	房屋及建筑	房屋
0122	运输用卡车	卡车
0123	奥迪轿车	轿车
0124	联想计算机	计算机

三、期初余额

1. 期初建账——库存商品

仓库名称	商品编号	商品全名	数量	商品单价	总额
中成药	0101	六味地黄丸	2 600	6	15 600
	0102	藿香正气丸	1 200	5.5	6 600
西药	0201	速效感冒胶囊	3 000	4	12 000
	0202	红霉素片	900	8	7 200
	0203	VC 胶囊	2 900	7.5	21 750
药材饮片	0301	当归	300	3.5	1 050
	0302	甘草	600	4.5	2 700

2. 期初建账——应收、应付

单位编号	单位全名	期初应收款	期初应付款
0101	北京通人康制药		25 800
0102	河北第三制药		8 500
0103	天津五洲制药		6 000
0104	北京海中王药业		
0201	北京康泰大药房	21 800	
0202	天津安宁医药	10 200	
0203	北京五环医院	30 000	

3. 期初建账——现金、银行

科目编号	科目全名	期初余额
101	库存现金	1 800
0141	建设银行	90 000
0142	工商银行	140 000

4. 期初建账——固定资产

科目编号	科目全名	期初余额
0121	房屋及建筑	700 000
0122	运输用卡车	170 000
0123	奥迪轿车	260 000
0124	联想计算机	6 000

5. 期初建账——账务数据

待摊费用　2 400

应交税费　3 000

6. 期初建账——借出商品

单位名称	商品编号	商品名称	单价	数量
北京通人康	0101	六味地黄丸	6	600
河北第三制药	0201	速效感冒胶囊	4	950
天津五洲制药	0202	红霉素片	8	640

7. 查询期初资产负债表

8. 2009－04－01　执行【开账】操作

第四节　日常业务处理

一、进货业务

1. 2009－04－02，采购部杨柳从北京通人康制药采购六味地黄丸 2 000 盒，单价 6.5 元；藿香正气丸 1 000 盒，单价 6 元。货到入中成药库，税率 17%。

2. 2009－04－02，采购部石静从河北第三制药厂采购 VC 胶囊 5 000 板，单价 7 元；速效感冒胶囊 2 000 板，单价 5 元。货到入西药库，货款通过工商银行已支付。税率 17%，获得优惠 500 元。

3. 2009－04－03，采购部石静从天津五洲制药采购红霉素片 2 800 板，单价 7.5 元。税率 17%，货到入西药库，货款未付。

二、付款业务

1. 2009－04－03，通过工商银行支付给北京通人康制药前欠货款 10 000 元。

2. 2009－04－05，通过工商银行支付本期从天津五洲制药采购业务的全部货款。

三、销售业务

1. 2009－04－09，销售二部孙飞销售给北京五环医院 VC 胶囊 4 000 板，单价 8.5 元；红霉素片 2 000 板，单价 9 元。税率 17%，从西药库发货，货款已通过工商银行收到。

2. 2009－04－09，销售一部黄宏伟销售给天津安宁医药甘草 200 千克，单价 6 元。税率 17%，货款未付。

3. 2009－04－09，销售二部孙飞销售给北京五环医院 VC 胶囊 1 000 板，单价 9 元。税率 17%，给对方优惠 800 元，货款已通过建设银行收到。

四、销售退货

2009－04－13，销售给天津安宁医药 200 千克甘草，因故退货。

五、进行固定资产折旧处理

六、填写会计凭证

1. 2009－04－15，财务处黎明提取现金。

资产类——库存现金　　3 500

资产类——银行存款　　3 500

2. 2009－04－29，摊销待摊费用。

支出类——费用合计——管理费用　　借方金额　　200

资产类——待摊费用　　贷方金额　　200

七、查询经营历程

红字冲销 2009－04－05 的单据。

八、账表查询

1. 本期销售

查询本期商品销售统计表（只显示数量不为零项目），价税合计：＿＿＿＿＿＿。

查询本期销售成本表，总成本＿＿＿＿＿＿，总毛利：＿＿＿＿＿＿。

2. 进货情况

查询进货单统计表，本月进货价税合计：＿＿＿＿＿＿。

查询进货分析表。

3. 查询库存状况（进行栏目调整）

4. 钱流状况

查询库存现金累计金额：__________。

查询工商银行累计金额：__________，本月发生额：__________。

查询累计应付北京通人康制药货款：__________。

查询费用支出。

查询经营状况表。

查询资产负债表。

第五节 期末业务

执行月结存处理。

第三章　ERP 项目实施设计综合实训案例

第一节　ERP 项目实施设计指导

一、ERP 实施设计目标

ERP 实施设计案例从企业经营管理的角度出发，模拟一个会计主体、一个会计期间内发生的日常业务，要求学生在充分分析企业业务特点及管理需求的基础上，设计企业信息化解决方案并付诸实施，按照"**企业调研→解决方案设计→数据准备→企业建账→业务处理→报表编制→财务分析**"的顺序展开，真正实现企业购销存业务管理、会计核算和财务管理的一体化，达到企业资金流、物流和信息流的一体化管理目标。

相对于理论教学，ERP 实施设计无论是在深度还是在广度上，都有很大提高，要求学生具备熟练的软件操作技能、全盘综合考虑问题的能力和团队协作精神。通过实施设计综合训练，使学生掌握财务业务一体化管理软件的系统结构和运行特征，理解计算机环境下的岗位设置、岗位职责和业务处理流程，培养学生实际分析问题、解决问题的综合能力。

二、ERP 实施设计过程

为更贴近企业的实际应用，实施案例资料按照企业管理信息系统的实施流程展开，主要分为企业调研、解决方案设计、数据准备、上线运行、撰写实施报告等几个阶段。每个阶段的工作内容不同，具体如下：

1. 企业调研阶段

对企业的基本情况及其组织结构进行调研，了解企业的组织结构和业务内容，获取实施方案的必要参数信息，收集企业核算及管理方面的需求。

2. 解决方案设计阶段

完成企业调研后，就可以将企业需求与软件系统充分结合，设计符合企业特点的信息化解决方案。根据企业调研结果，重新设计和安排企业的整个生产、服务和经营过程，使之合理化。通过对企业原来生产经营过程的各个方面、每个环节进行全面的调查研究和细致分析，对其中不合理、不必要的环节进行彻底的变革，将企业需求与软件系统充分结合，设计符合企业特点的信息化解决方案。这一阶段主要包括系统软硬件配置方案的制定、总体数据处理流程的设计、各系统参数选项设置、编码方案规则的设计等。

3. 数据准备阶段

确定系统运行所需要的各项基础档案和数据，并核实无误。包括静态数据和动态数据准备。

4. 系统上线运行

按照规划的解决方案和整理好的档案数据初始化系统，并进行企业业务处理。一般包括企业建账、系统初始化、日常业务处理、月末业务处理几部分。

5. 撰写实施报告

记录总结实施设计过程，评价实施效果。

三、企业调研的主要内容

在实施设计之前，需要对企业进行调研，通过这一阶段的工作，可以了解企业的基本情况、现有组织结构、现有业务流程、主要业务处理方式等，明确企业核算的特点和要求，为制定个性化解决方案做好前期准备。企业调研的主要内容如下：

1. 企业的基本情况

企业的基本情况包括企业的名称、地址、规模、业务经营范围、企业账号税号、会计制度等一系列基本信息。

2. 企业的组织结构

企业的组织结构包括企业的组织架构、组织中各岗位人员及职责等。

3. 企业流程

企业流程包括生产流程、工艺流程、业务流程等，在调研过程中，需要注重对流程中各项业务的描述、业务流程设计的单据及其流转关系、当前业务流程存在的问题、改进的目标方向等。

4. 企业核算制度

企业核算制度包括企业的账务处理程序和财务管理方面的要求。后者还具体包括以下内容：

(1)外币业务核算要求；
(2)坏账准备计提要求；
(3)差旅费报销制度；
(4)借款利息的处理；
(5)对外投资的核算办法；
(6)税费及附加的核算；
(7)材料核算制度及流程；
(8)固定资产、无形资产的核算；
(9)水费、电费的核算；
(10)人工费用的分配办法；
(11)与工资有关的各项经费、基金的计提比例；
(12)辅助生产车间生产费用的归集与分配；
(13)制造费用的归集与分配。

5. 企业管理要求

企业管理要求包括有关企业内部控制的要求，采购环节、销售环节、库存管理等方面的控制要求等。

第二节　ERP 项目实施背景资料

一、企业 ERP 系统实施背景

1. 企业概况

长春迅驰车床有限责任公司始建于 1997 年，1998 年 1 月正式投产，是一家国有控股高新技术企业。该公司位于长春市经济技术开发区吉林大路 1606 号，占地 100 000 平方米，注册资本 600 万元，现有职工 420 人，公司主要生产普通车床和数控车床两种产品。该公司为一般纳税人，法人代表李海洋，税务登记号 220000112366005。基本账户开户银行为工商银行长春分行开发区支行，账号 2210006908073320018。

目前该企业产品市场销路一直很好，呈现产销增长的趋势，正处于企业发展的上升期。

2. 企业管理面临的问题

企业现阶段信息系统只局限于会计核算层次，财务管理功能较弱。

管理信息化基本空白。数据依赖于手工采集数据。不仅造成数据采集困难、数据加工量大、计算不准确，也难以及时提供管理所需数据。

日常工作量大。单据填写、记账耗费了工作人员的所有工作时间，导致工作人员无法从大量繁杂的手工劳动中解脱出来进行数据的统计与分析。

企业内部各部门之间信息不畅。信息传递延迟，经营决策时不能得到准确、及时的信息。

库存管理相对混乱。库存批次管理、货位管理混乱，出现混批现象，不能真正实现先进先出和批次跟踪的要求。

库存储备高。为保证生产减少责任，人为地增加储备，造成库存积压，增加了管理费用，降低了资金利用率。

产品档案管理混乱，无法对产品进行有效的跟踪。

成本计算不够准确，成本信息单一、数据维度不够，不能达到成本控制的目的。

设备档案资料不够完整翔实，维修、保养不够及时，设备利用率低。

客户响应不够及时，产品交货周期长。

3. 企业决定实施 ERP 项目

随着长春迅驰车床有限责任公司的快速发展、当前市场竞争的日趋激烈及计算机网络信息技术的飞速发展，现有的企业管理手段和方式已不能满足公司未来管理的需要，现在急需进行企业信息化建设。公司董事会研究决定：引进用友 ERP－T6 版财务及管理软件，构建企业管理信息系统。

自 2012 年 1 月起，应用该系统实施财务业务一体化管理，以期提高企业的管理水平，提升企业的核心竞争力。为企业信息化建设能够顺利进行，本项目诚邀用友分公司进驻企业，共同实施规划企业信息化管理系统。

本次系统规划相关的业务部门有财务部、采购部、销售部、物资部。

4. 实施设计要求

企业现委任你为 ERP 项目实施负责人，与用友分公司共同合作，进行初期调研，结合吸收目前先进的管理理念和信息技术进行业务分析和整体规划。

首先，设计“长春迅驰车床有限责任公司ERP系统实施方案”。

其次，结合软件功能和企业实际业务整理业务数据。

最后，上机建立账套、初始系统、上线运行日常业务。

经项目组现场实地调研和企业需求访谈，获得以下调研资料：

二、现有组织机构及职员岗位

企业现设有8个职能部门，为简化设计工作量，本案例中职员人数假定为该8个职能部门中所列示的39人，其他员工忽略。

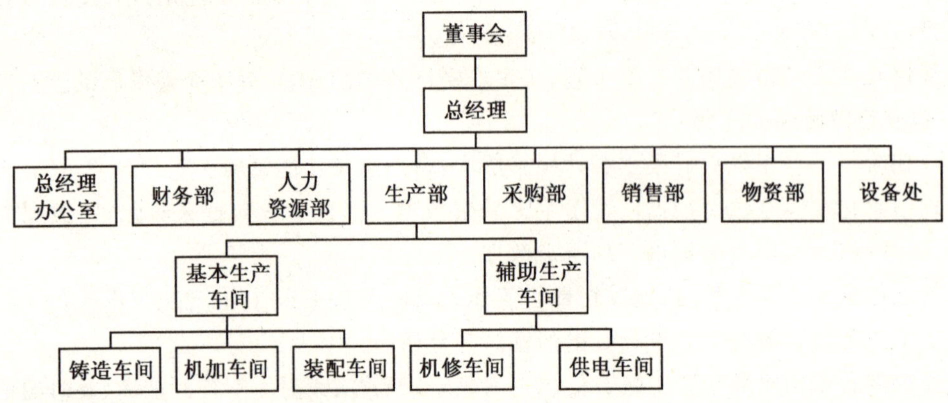

1. 总经理办公室

主要职能：协助公司领导工作的具体办事机构，是公司内部工作运转的枢纽和对外联系的窗口，协调公司各部门工作，管理日常办公秩序、行政文书，执行公司各项规章制度、管理规程及各项指令。

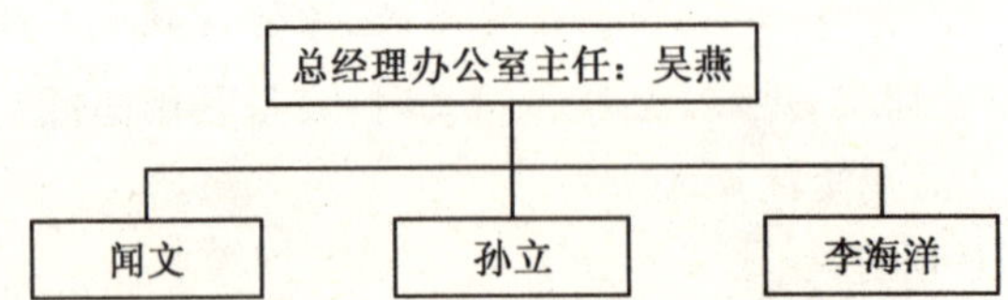

2. 财务部

主要职能：负责公司日常财务核算，参与公司的经营管理。根据公司资金运作情况，合理调配资金，确保公司资金正常运转。负责企业各项财产的登记、核对、抽查的调拨，按规定计算折旧费用，保证资产的资金来源。组织各部门编制收支计划，编制公司的月、季、年度营业计划和财务计划，实施经营过程中的财务监督、稽核、审计、检查、协调和指导等工作。

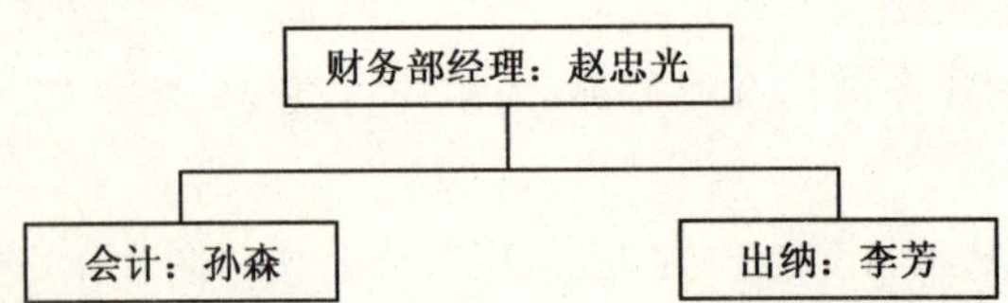

3. 人力资源部

主要职能：负责制定公司用工制度、人力资源管理制度、劳动工资制度、人事档案管理制度、培训大纲等规章制度、实施细则和工作程序，并根据公司的实际情况、发展战略和经营计划制定公司的人力资源计划。负责对公司人力资源工作的各个环节进行管理、监督、协调，同时负责进行人员的招聘、选拔、聘用及配置。

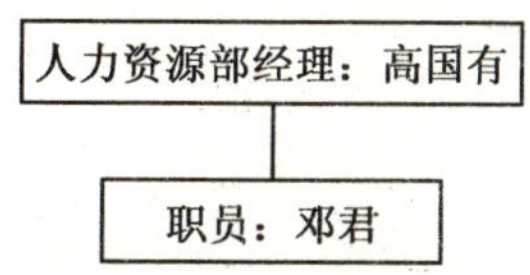

4. 生产部

主要职能：合理组织产品的生产过程，综合平衡生产能力，科学制定和执行生产作业计划，开展安全生产教育，以实现用最小合理的投入达到最大产出的目的。

生产部下辖基本生产和辅助生产两类车间。其中，基本生产车间包括铸造车间、机加车间、装配车间，辅助生产车间包括机修车间和供电车间。

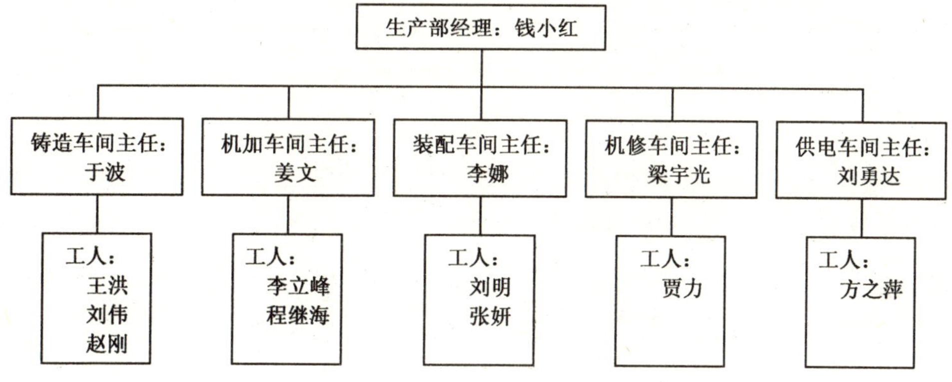

5. 采购部

主要职能：负责制定完善采购工作有关制度；根据综合计划部确定的生产计划、材料预算表及原材料库存情况编制采购计划，组织好物料供应，平衡采购资金，做好合同的签订与执行。确保按照物料的质量、规格、数量、标准进行原材料、半成品、辅料、包装材料及生产用低值消耗品的采购，努力降低采购成本。

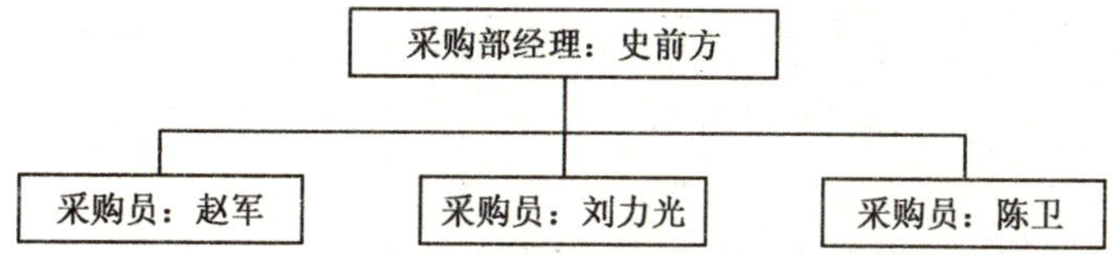

6. 销售部

主要职能：负责营销业务的客户开发、渠道开发、市场布局、团队建设等，参与制定并实施公司的营销战略与销售计划、销售方案，有效地维护渠道、管理客户，完成公司下达的产品销售计划指标。负责进行客户管理及信用评估，与客户保持良好沟通，实时把握客户需求，动态把握市场价格，定期向公司提供市场分析及预测报告。

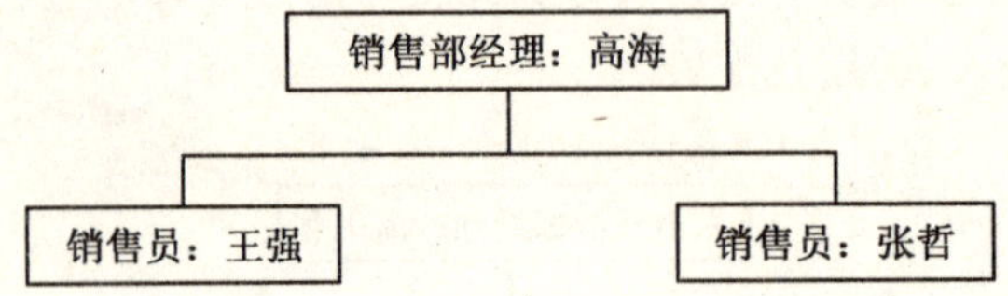

7. 物资部

主要职能：主要负责管理企业各类原材料、成品、半成品、处理品、零部件等物资的入库检验、存储保管、库存储备定额控制、出库、运输等工作，为生产和营销提供后勤保障。负责仓库合理规划，分类管理物资，做好物资装卸、搬运的管理，并定期对库存物资进行盘点，记录在库物资的各项数据，定期向财务部报送。

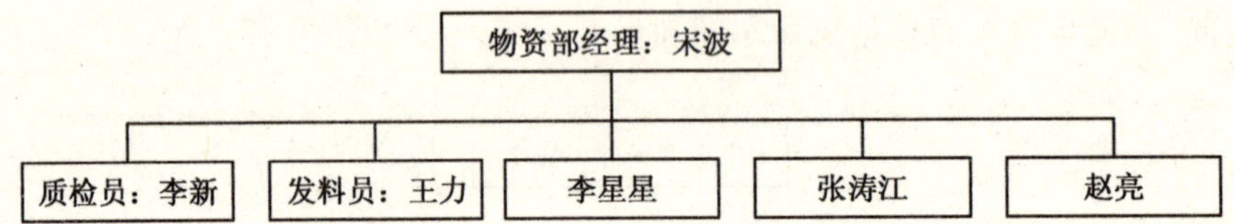

8. 设备处

主要职能：根据企业总体计划、目标和要求，负责本厂生产设备等各项固定资产的购建、使用维护、更新改造、报废处理、折旧等相关日常管理工作。建立设备台账及点检记录，做好贵重设备使用记录工作；收集保管所有设备的技术资料；做好新购设备的选型、验收、安装指导等工作以及备件采购和外协加工。协助车间制定设备使用和保管制度，并经常检查制度的执行情况。

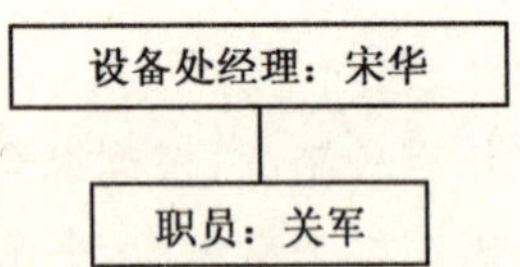

三、往来企业相关资料

公司产品销路一直向好，因与公司往来的供应商和客户比较多，所以需要对其进行分类管理。其中：客户分“商贸公司”和“生产企业”两类进行管理，供应商分“本地”和“外地”两类进行管理。

以下列示出部分客户和供应商的部分信息，其他忽略。

1. 客户信息

(1)长春市外贸公司

地址：青平大街28号　开户行：工商银行南广场支行

电话:8421161　税务登记号:222515110864675

(2)沈阳机电公司

地址:黄河大街 100 号　开户行:工商银行新华办事处

电话:8600015　税务登记号:625114621043591

(3)吉林机电公司

地址:自由大路 108 号　开户行:工商银行自由大路办事处

电话:3972776　税务登记号:896332784460228

(4)大连重型机械厂

地址:青泥洼街 30 号　开户行:工商银行站前办事处

电话:8625143　税务登记号:846259384139755

2. 供应商信息

(1)长春市电器商店

地址:珍珠街 30 号　开户行:工商银行广源办事处

电话:84841561　税务登记号:706259228412568

(2)鞍山钢铁公司

地址:太阳路 69 号　开户行:工商银行铁西办事处

电话:84296713　税务登记号:216953227246138

(3)阳州钢铁公司

地址:团结路 48 号　开户行:工商银行双阳支行

电话:82296371　税务登记号:220001209883321

(4)长春市开化轴承厂

地址:五一路 48 号　开户行:工商银行五一路办事处

电话:84133288　税务登记号:126411542573909

(5)哈尔滨轴承厂

地址:秋林大路 225 号　开户行:工商银行新华办事处

电话:88462151　税务登记号:231100425196755

(6)市劳保用品商店

地址:开源街 5 号　开户行:工商银行开源办事处

电话:88362517　税务登记号:862453176629811

(7)长春市物资公司

地址:平治街 6 号　开户行:工商银行平治街分理处

电话:88425163　税务登记号:820067122592605

(8)长春市木器厂

地址:珍珠街 3 号　开户行:工商银行前江办事处

电话:84535161　税务登记号:181510004346921

(9)抚顺煤矿

地址:花园街 10 号　开户行:工商银行昌华办事处

电话:81800561　税务登记号:562110101593629

四、财务部门现状调研

1. 会计制度、会计工作组织及账务处理流程

(1)现执行 2007 年新会计准则。

(2)企业会计工作组织形式采用集中核算形式,记账方法采用借贷记账法。

(3)企业采用复式记账凭证,分收款凭证、付款凭证和转账凭证三种格式。凭证每月按类别自动编号。对于涉及两种货币资金之间收付的业务,一律填制付款凭证。

(4)结算方式有现金、现金支票和转账支票、汇票、委托收款几种结算方式,其中支票需登记支票登记簿。

(5)月末需与银行进行对账,并编制银行存款余额调节表。

(6)账务处理流程:现有会计核算软件停留在总账和报表系统的应用,尚未实现财务业务一体化处理,企业发生的采购、销售、库存等经济业务需经手工核算,编制记账凭证,录入总账系统。

(7)无外币核算业务。

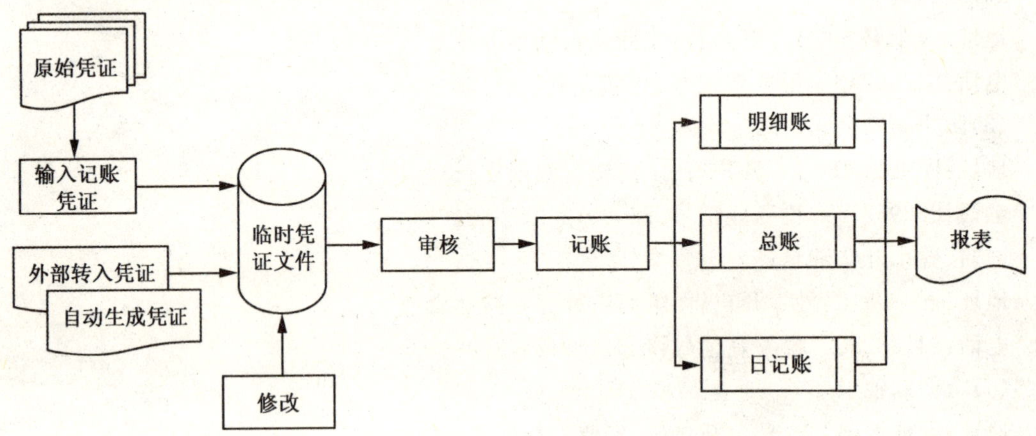

2. 财务核算制度

(1)现金库存额度:10 000 元。

(2)坏账准备计提要求。

①坏账准备计提采用应收账款余额百分比法,计提比例为 0.5%。

②其他应收款数额较小,不计提坏账准备。

(3)差旅费报销制度。

出差前预借差旅费,返回后一次报销结清。

(4)税费及附加的核算。

①增值税税率:17%;

②运费税率:7%;

③教育费附加:3%;

④印花税:直接计入当期管理费用;

⑤个人所得税：执行2011年9月1日最新规定；

⑥企业所得税：25%。

(5)待摊费用中的报刊费摊销比例为：总经理办公室40%，财务部30%，人力资源部30%。

(6)利润分配比例。

法定盈余公积提取比例：10%。

(7)管理费用按部门进行归集管理。

(8)汇兑损益在期末进行处理。

3. 总账业务描述

(1)现有账簿数据

经查阅账簿，目前有32个一级会计科目有余额，经整理，具体明细数据如下列明细账页所示：

现　金　日记账

明细账序号：1

本户页数：1

2012年		凭证编号	摘要	对应科目	借方											√	贷方											√	借或贷	余额										
月	日				亿	千	百	十	万	千	百	十	元	角	分		亿	千	百	十	万	千	百	十	元	角	分			亿	千	百	十	万	千	百	十	元	角	分
1	1		期初余额																										借							8	0	0	0	0

银行存款　日记账

明细账序号：2

本户页数：1

2012年		凭证编号	摘要	对应科目	借方											√	贷方											√	借或贷	余额										
月	日				亿	千	百	十	万	千	百	十	元	角	分		亿	千	百	十	万	千	百	十	元	角	分			亿	千	百	十	万	千	百	十	元	角	分
1	1		期初余额																										借				9	1	7	0	0	0	0	0

其他货币资金　明细分类账

明细账序号：3－1

二级明细科目：外埠存款

本户页数：1

2012年		凭证编号	摘要	对应科目	借方											√	贷方											√	借或贷	余额										
月	日				亿	千	百	十	万	千	百	十	元	角	分		亿	千	百	十	万	千	百	十	元	角	分			亿	千	百	十	万	千	百	十	元	角	分
1	1		期初余额																										借					3	0	0	0	0	0	0

其他货币资金　明细分类账

明细账序号：3－2

二级明细科目：银行汇票存款

本户页数：1

2012年		凭证编号	摘要	对应科目	借方											√	贷方											√	借或贷	余额										
月	日				亿	千	百	十	万	千	百	十	元	角	分		亿	千	百	十	万	千	百	十	元	角	分			亿	千	百	十	万	千	百	十	元	角	分
1	1		期初余额																										借					4	4	0	0	0	0	0

其他货币资金　明细分类账

明细账序号:3—3

二级明细科目:银行本票存款　　本户页数:1

2012年		凭证编号	摘要	对应科目	借方											✓	贷方											✓	借或贷	余额										
月	日				亿	千	百	十	万	千	百	十	元	角	分		亿	千	百	十	万	千	百	十	元	角	分			亿	千	百	十	万	千	百	十	元	角	分
1	1		期初余额																										借				2	5	0	0	0	0	0	0

交易性金融资产　明细分类账

明细账序号:4—1

二级明细科目:债券投资　　本户页数:1

2012年		凭证编号	摘要	对应科目	借方											✓	贷方											✓	借或贷	余额										
月	日				亿	千	百	十	万	千	百	十	元	角	分		亿	千	百	十	万	千	百	十	元	角	分			亿	千	百	十	万	千	百	十	元	角	分
1	1		期初余额																										借					5	4	0	0	0	0	0

交易性金融资产　明细分类账

明细账序号:4—2

二级明细科目:股票投资　　本户页数:1

2012年		凭证编号	摘要	对应科目	借方											✓	贷方											✓	借或贷	余额										
月	日				亿	千	百	十	万	千	百	十	元	角	分		亿	千	百	十	万	千	百	十	元	角	分			亿	千	百	十	万	千	百	十	元	角	分
1	1		期初余额																										借					3	0	5	0	0	0	0

应收账款　明细分类账

明细账序号:5—1

户名:大连重型机械　　本户页数:1

2012年		凭证		摘要	对应科目	借方											✓	贷方											✓	借或贷	余额										
月	日	字	号			亿	千	百	十	万	千	百	十	元	角	分		亿	千	百	十	万	千	百	十	元	角	分			亿	千	百	十	万	千	百	十	元	角	分
1	1			期初余额																										借				1	6	5	6	7	2	0	0

注:本账户余额是2011年12月14日销售部高海赊销给大连重型机械厂6台数控管螺纹车床的业务,已经给对方开出销售专用发票,无税单价23 600元,税率17%,价税合计165 672元,且已在当月编制了第89号转账凭证。

应收账款　明细分类账

明细账序号:5—2

户名:长春市外贸公司　　本户页数:1

2012年		凭证		摘要	对应科目	借方											✓	贷方											✓	借或贷	余额										
月	日	字	号			亿	千	百	十	万	千	百	十	元	角	分		亿	千	百	十	万	千	百	十	元	角	分			亿	千	百	十	万	千	百	十	元	角	分
1	1			期初余额																										借				2	6	6	7	6	0	0	0

注:本账户余额是2011年5月23日销售部王强赊销给长春市外贸公司6台凸轮轴仿形车床的业务,已给对方开出销售专用发票,无税单价38 000元,税率17%,价税合计266 760元,并已在当月编制了第26号转账凭证。

应收账款 明细分类账

明细账序号:5—3

户名:吉林机电公司

本户页数:1

2012年		凭证		摘要	对应科目	借方											✓	贷方											✓	借或贷	余额										
月	日	字	号			亿	千	百	十	万	千	百	十	元	角	分		亿	千	百	十	万	千	百	十	元	角	分			亿	千	百	十	万	千	百	十	元	角	分
1	1			期初余额																										借				3	5	4	2	7	6	0	0

注:本账户余额是销售部王强销售给吉林机电公司的两笔赊销业务,业务发生时已给对方开出销售专用发票,税率17%。

第一笔是2011年4月28日销售3台凸轮轴仿形车床,无税单价38 000元,价税合计133 380元,当月编制了第46号转账凭证。

第二笔是2011年9月21日销售8台数控管螺纹车床,无税单价23 600元,价税合计220 896元,当月编制了第19号转账凭证。

预付账款 明细分类账

明细账序号:6—1

户名:阳州钢铁公司

本户页数:1

2012年		凭证		摘要	对应科目	借方											✓	贷方											✓	借或贷	余额										
月	日	字	号			亿	千	百	十	万	千	百	十	元	角	分		亿	千	百	十	万	千	百	十	元	角	分			亿	千	百	十	万	千	百	十	元	角	分
1	1			期初余额																										借				1	5	0	0	0	0	0	0

注:本账户余额是2011年12月10日采购部赵军与阳州钢铁公司签订采购生铁合同,以银行本票预付的货款,在当月编制了第60号付款凭证。

预付账款 明细分类账

明细账序号:6—2

户名:长春市开化轴承厂

本户页数:1

2012年		凭证		摘要	对应科目	借方											✓	贷方											✓	借或贷	余额										
月	日	字	号			亿	千	百	十	万	千	百	十	元	角	分		亿	千	百	十	万	千	百	十	元	角	分			亿	千	百	十	万	千	百	十	元	角	分
1	1			期初余额																										借				1	1	5	5	0	0	0	0

注:本账户余额是采购部赵军2011年12月与长春市开化轴承厂签订采购轴承合同预付的2笔货款。

12月16日以转账支票(票号:2255)方式预付货款60 000元,编制了第28号付款凭证。

12月30日以银行汇票(票号:1288)方式预付货款55 500元,编制了第52号付款凭证。

其他应收款 明细分类账

明细账序号:7—1

二级明细科目:个人借款

本户页数:1

户名:孙立

2012年		凭证		摘要	对应科目	借方											✓	贷方											✓	借或贷	余额										
月	日	字	号			亿	千	百	十	万	千	百	十	元	角	分		亿	千	百	十	万	千	百	十	元	角	分			亿	千	百	十	万	千	百	十	元	角	分
1	1			期初余额																										借						4	0	0	0	0	0

注:本账户余额是2011年12月23日总经理办公室孙立出差借款,并已在当月编制了第20号付款账凭证。

其他应收款 明细分类账

明细账序号:7—2

二级明细科目:个人借款

本户页数:1

户名:李立峰

2012年		凭证		摘要	对应科目	借方											✓	贷方											✓	借或贷	余额										
月	日	字	号			亿	千	百	十	万	千	百	十	元	角	分		亿	千	百	十	万	千	百	十	元	角	分			亿	千	百	十	万	千	百	十	元	角	分
1	1			期初余额																										借						9	8	0	0	0	0

注:本账户余额是2011年12月25日机加车间李立峰外出培训借款,并已在当月编制了第31号付款账凭证。

其他应收款 明细分类账

明细账序号:7－3

本户页数:1

二级明细科目:待摊报刊费

2012年		凭证		摘要	对应科目	借方											✓	贷方											✓	借或贷	余额										
月	日	字	号			亿	千	百	十	万	千	百	十	元	角	分		亿	千	百	十	万	千	百	十	元	角	分			亿	千	百	十	万	千	百	十	元	角	分
1	1			期初余额																										借						7	2	0	0	0	0

其他应收款 明细分类账

明细账序号:7－4

本户页数:1

二级明细科目:待摊保险费

2012年		凭证		摘要	对应科目	借方											✓	贷方											✓	借或贷	余额										
月	日	字	号			亿	千	百	十	万	千	百	十	元	角	分		亿	千	百	十	万	千	百	十	元	角	分			亿	千	百	十	万	千	百	十	元	角	分
1	1			期初余额																										借					1	4	4	0	0	0	0

在途物资 明细分类账

明细账序号:8

本户页数:1

2012年		凭证编号	摘要	对应科目	借方											✓	贷方											✓	借或贷	余额										
月	日				亿	千	百	十	万	千	百	十	元	角	分		亿	千	百	十	万	千	百	十	元	角	分			亿	千	百	十	万	千	百	十	元	角	分
1	1		期初余额																										借						4	8	0	0	0	0

注:本账户余额是2011年12月2日从长春市开化轴承厂采购油漆800千克,无税单价6元。

原材料 明细分类账

明细账序号:9－1

本户页数:1

二级明细科目:原料及主要材料

2012年		凭证编号	摘要	对应科目	借方											✓	贷方											✓	借或贷	余额										
月	日				亿	千	百	十	万	千	百	十	元	角	分		亿	千	百	十	万	千	百	十	元	角	分			亿	千	百	十	万	千	百	十	元	角	分
1	1		期初余额																										借				4	7	0	0	0	0	0	0

原材料 明细分类账

明细账序号:9－2

本户页数:1

二级明细科目:燃料

2012年		凭证编号	摘要	对应科目	借方											✓	贷方											✓	借或贷	余额										
月	日				亿	千	百	十	万	千	百	十	元	角	分		亿	千	百	十	万	千	百	十	元	角	分			亿	千	百	十	万	千	百	十	元	角	分
1	1		期初余额																										借					4	5	9	0	0	0	0

原材料 明细分类账

明细账序号:9－3

本户页数:1

二级明细科目:外购半成品

2012年		凭证编号	摘要	对应科目	借方											✓	贷方											✓	借或贷	余额										
月	日				亿	千	百	十	万	千	百	十	元	角	分		亿	千	百	十	万	千	百	十	元	角	分			亿	千	百	十	万	千	百	十	元	角	分
1	1		期初余额																										借			1	4	3	2	8	0	0	0	0

原材料　明细分类账

明细账序号:9—4

二级明细科目:辅助材料　　本户页数:1

2012年		凭证编号	摘要	对应科目	借方											✓	贷方											✓	借或贷	余额										
月	日				亿	千	百	十	万	千	百	十	元	角	分		亿	千	百	十	万	千	百	十	元	角	分			亿	千	百	十	万	千	百	十	元	角	分
1	1		期初余额																										借					1	2	5	2	0	0	0

库存商品　明细分类账

明细账序号:10—1

二级明细科目:凸轮轴仿形车床　　本户页数:1

2012年		凭证编号	摘要	对应科目	借方											✓	贷方											✓	借或贷	余额										
月	日				亿	千	百	十	万	千	百	十	元	角	分		亿	千	百	十	万	千	百	十	元	角	分			亿	千	百	十	万	千	百	十	元	角	分
1	1		期初余额																										借				9	6	0	0	0	0	0	0

库存商品　明细分类账

明细账序号:10—2

二级明细科目:数控管螺纹车床　　本户页数:1

2012年		凭证编号	摘要	对应科目	借方											✓	贷方											✓	借或贷	余额										
月	日				亿	千	百	十	万	千	百	十	元	角	分		亿	千	百	十	万	千	百	十	元	角	分			亿	千	百	十	万	千	百	十	元	角	分
1	1		期初余额																										借				4	9	5	0	0	0	0	0

发出商品　明细分类账

明细账序号:11

二级明细科目:吉林机电公司　　本户页数:1

2012年		凭证编号	摘要	对应科目	借方											✓	贷方											✓	借或贷	余额										
月	日				亿	千	百	十	万	千	百	十	元	角	分		亿	千	百	十	万	千	百	十	元	角	分			亿	千	百	十	万	千	百	十	元	角	分
1	1		期初余额																										借				4	0	0	0	0	0	0	0

周转材料　明细分类账

明细账序号:12—1

二级明细科目:低值易耗品　　三级明细科目:劳保用品　　本户页数:1

2012年		凭证编号	摘要	对应科目	借方											✓	贷方											✓	借或贷	余额										
月	日				亿	千	百	十	万	千	百	十	元	角	分		亿	千	百	十	万	千	百	十	元	角	分			亿	千	百	十	万	千	百	十	元	角	分
1	1		期初余额																										借						2	3	5	3	0	0

周转材料　明细分类账

明细账序号:12—2

二级明细科目:低值易耗品　　三级明细科目:普通工具　　本户页数:1

2012年		凭证编号	摘要	对应科目	借方											✓	贷方											✓	借或贷	余额										
月	日				亿	千	百	十	万	千	百	十	元	角	分		亿	千	百	十	万	千	百	十	元	角	分			亿	千	百	十	万	千	百	十	元	角	分
1	1		期初余额																										借						2	3	4	0	0	0

周转材料 明细分类账

明细账序号:12—3

二级明细科目:低值易耗品　　三级明细科目:专用工具　　本户页数:1

2012年		凭证编号	摘要	对应科目	借方											✓	贷方											✓	借或贷	余额										
月	日				亿	千	百	十	万	千	百	十	元	角	分		亿	千	百	十	万	千	百	十	元	角	分			亿	千	百	十	万	千	百	十	元	角	分
1	1		期初余额																										借				1	8	0	0	0	0	0	0

周转材料 明细分类账

明细账序号:12—4

二级明细科目:包装物　　本户页数:1

2012年		凭证编号	摘要	对应科目	借方											✓	贷方											✓	借或贷	余额										
月	日				亿	千	百	十	万	千	百	十	元	角	分		亿	千	百	十	万	千	百	十	元	角	分			亿	千	百	十	万	千	百	十	元	角	分
1	1		期初余额																										借					1	7	2	0	0	0	0

长期股权投资 明细分类账

明细账序号:13

本户页数:1

2012年		凭证编号	摘要	对应科目	借方											✓	贷方											✓	借或贷	余额										
月	日				亿	千	百	十	万	千	百	十	元	角	分		亿	千	百	十	万	千	百	十	元	角	分			亿	千	百	十	万	千	百	十	元	角	分
1	1		期初余额																										借				2	6	5	0	0	0	0	0

固定资产 明细分类账

明细账序号:14

本户页数:1

2012年		凭证编号	摘要	对应科目	借方											✓	贷方											✓	借或贷	余额										
月	日				亿	千	百	十	万	千	百	十	元	角	分		亿	千	百	十	万	千	百	十	元	角	分			亿	千	百	十	万	千	百	十	元	角	分
1	1		期初余额																										借			8	1	6	1	0	0	0	0	0

累计折旧 明细分类账

明细账序号:15

本户页数:1

2012年		凭证编号	摘要	对应科目	借方											✓	贷方											✓	借或贷	余额										
月	日				亿	千	百	十	万	千	百	十	元	角	分		亿	千	百	十	万	千	百	十	元	角	分			亿	千	百	十	万	千	百	十	元	角	分
1	1		期初余额																										贷			2	4	9	0	3	5	7	0	0

固定资产清理 明细分类账

明细账序号:16

本户页数:1

2012年		凭证编号	摘要	对应科目	借方											✓	贷方											✓	借或贷	余额										
月	日				亿	千	百	十	万	千	百	十	元	角	分		亿	千	百	十	万	千	百	十	元	角	分			亿	千	百	十	万	千	百	十	元	角	分
1	1		期初余额																										借					1	2	5	0	0	0	0

无形资产 明细分类账

明细账序号:17－1

二级明细科目:专利权

本户页数:1

2012年		凭证编号	摘要	对应科目	借方											✓	贷方											✓	借或贷	余额										
月	日				亿	千	百	十	万	千	百	十	元	角	分		亿	千	百	十	万	千	百	十	元	角	分			亿	千	百	十	万	千	百	十	元	角	分
1	1		期初余额																									借					2	0	0	0	0	0	0

无形资产 明细分类账

明细账序号:17－2

二级明细科目:专有技术

本户页数:1

2012年		凭证编号	摘要	对应科目	借方											✓	贷方											✓	借或贷	余额										
月	日				亿	千	百	十	万	千	百	十	元	角	分		亿	千	百	十	万	千	百	十	元	角	分			亿	千	百	十	万	千	百	十	元	角	分
1	1		期初余额																									借					1	5	0	0	0	0	0

无形资产 明细分类账

明细账序号:17－3

二级明细科目:土地使用权

本户页数:1

2012年		凭证编号	摘要	对应科目	借方											✓	贷方											✓	借或贷	余额										
月	日				亿	千	百	十	万	千	百	十	元	角	分		亿	千	百	十	万	千	百	十	元	角	分			亿	千	百	十	万	千	百	十	元	角	分
1	1		期初余额																									借					1	4	2	0	0	0	0

短期借款 明细分类账

明细账序号:18

本户页数:1

2012年		凭证编号	摘要	对应科目	借方											✓	贷方											✓	借或贷	余额										
月	日				亿	千	百	十	万	千	百	十	元	角	分		亿	千	百	十	万	千	百	十	元	角	分			亿	千	百	十	万	千	百	十	元	角	分
1	1		期初余额																									贷			1	2	6	0	0	0	0	0	0

注:本账户余额是由以下3笔短期借款业务构成:

2011年10月08日从工行借款420 000元,期限3个月,年利率4.5%;

2011年11月16日从工行借款360 000元,期限6个月,年利率4.5%;

2011年12月28日从工行借款480 000元,期限9个月,年利率5.0%。

应付账款 明细分类账

明细账序号:19－1

户名:长春市开化轴承厂

本户页数:1

2012年		凭证		摘要	对应科目	借方											✓	贷方											✓	借或贷	余额										
月	日	字	号			亿	千	百	十	万	千	百	十	元	角	分		亿	千	百	十	万	千	百	十	元	角	分			亿	千	百	十	万	千	百	十	元	角	分
1	1			期初余额																									贷				3	2	7	6	0	0	0	0

注:本账户余额是2011年9月5日采购部陈卫从长春市开化轴承厂赊购D318轴承800台,已取得对方开具的采购专用发票,无税单价350元,税率17%,在当月编制了第07号转账凭证。

应付账款　明细分类账

明细账序号:19－2

户名:长春市电器商店　　本户页数:1

2012年		凭证		摘要	对应科目	借方											✓	贷方											✓	借或贷	余额										
月	日	字	号			亿	千	百	十	万	千	百	十	元	角	分		亿	千	百	十	万	千	百	十	元	角	分			亿	千	百	十	万	千	百	十	元	角	分
1	1			期初余额																										贷					5	1	9	4	8	0	0

注:本账户余额是2011年11月采购部刘力光从长春市电器商店的赊购业务,已取得对方开具的采购专用发票,税率17%。

11月05日采购电机－Y123M 10台,无税单价1 440元,价税合计16 848元,在当月编制了第07号转账凭证。

11月24日采购电机－Y123M 20台,无税单价1 500元,价税合计35 100元,在当月编制了第36号转账凭证。

预收账款　明细分类账

明细账序号:20

户名:沈阳机电公司　　本户页数:1

2012年		凭证		摘要	对应科目	借方											✓	贷方											✓	借或贷	余额										
月	日	字	号			亿	千	百	十	万	千	百	十	元	角	分		亿	千	百	十	万	千	百	十	元	角	分			亿	千	百	十	万	千	百	十	元	角	分
1	1			期初余额																										贷				1	5	9	0	0	0	0	0

注:本账户余额是2011年8月18日销售部高海预收沈阳机电公司货款业务,转账支票(票据号:9922),当期已编制收款46号凭证。

应付职工薪酬　明细分类账

明细账序号:21

本户页数:1

2012年		凭证编号	摘要	对应科目	借方											✓	贷方											✓	借或贷	余额										
月	日				亿	千	百	十	万	千	百	十	元	角	分		亿	千	百	十	万	千	百	十	元	角	分			亿	千	百	十	万	千	百	十	元	角	分
1	1		期初余额																										贷				2	1	4	1	7	2	0	0

应交税费　多栏明细账

明细账序号:22－1

二级明细科目:应交增值税　　本户页数:1

2012年		凭证编号	摘要	借方																							贷方																							借或贷	余额							
月	日			进项税额								已交税金							转出未交增值税								销项税额								出口退税							进项税额转出																
				十	万	千	百	十	元	角	分	万	千	百	十	元	角	分	十	万	千	百	十	元	角	分	十	万	千	百	十	元	角	分	万	千	百	十	元	角	分	十	万	千	百	十	元	角	分		十	万	千	百	十	元	角	分
1	1		期初		9	8	3	0	0	0	0																2	7	3	0	0	0	0	0																贷	1	7	4	7	0	0	0	0

应交税费　明细分类账

明细账序号:22－2

二级明细科目:未交增值税　　本户页数:1

2012年		凭证编号	摘要	对应科目	借方											✓	贷方											✓	借或贷	余额										
月	日				亿	千	百	十	万	千	百	十	元	角	分		亿	千	百	十	万	千	百	十	元	角	分			亿	千	百	十	万	千	百	十	元	角	分
1	1		期初余额																										贷									0		

应交税费 明细分类账

明细账序号:22—3

二级明细科目:应交营业税

本户页数:1

2012年		凭证编号	摘要	对应科目	借方											✓	贷方											✓	借或贷	余额										
月	日				亿	千	百	十	万	千	百	十	元	角	分		亿	千	百	十	万	千	百	十	元	角	分			亿	千	百	十	万	千	百	十	元	角	分
1	1		期初余额																										贷									0		

应交税费 明细分类账

明细账序号:22—4

二级明细科目:应交城市维护建设税

本户页数:1

2012年		凭证编号	摘要	对应科目	借方											✓	贷方											✓	借或贷	余额										
月	日				亿	千	百	十	万	千	百	十	元	角	分		亿	千	百	十	万	千	百	十	元	角	分			亿	千	百	十	万	千	百	十	元	角	分
1	1		期初余额																										贷									0		

应交税费 明细分类账

明细账序号:22—5

二级明细科目:应交教育费附加

本户页数:1

2012年		凭证编号	摘要	对应科目	借方											✓	贷方											✓	借或贷	余额										
月	日				亿	千	百	十	万	千	百	十	元	角	分		亿	千	百	十	万	千	百	十	元	角	分			亿	千	百	十	万	千	百	十	元	角	分
1	1		期初余额																										贷										0	

应交税费 明细分类账

明细账序号:22—6

二级明细科目:应交所得税

本户页数:1

2012年		凭证编号	摘要	对应科目	借方											✓	贷方											✓	借或贷	余额										
月	日				亿	千	百	十	万	千	百	十	元	角	分		亿	千	百	十	万	千	百	十	元	角	分			亿	千	百	十	万	千	百	十	元	角	分
1	1		期初余额																										贷				1	5	9	7	7	6	0	0

应交税费 明细分类账

明细账序号:22—7

二级明细科目:应交个人所得税

本户页数:1

2012年		凭证编号	摘要	对应科目	借方											✓	贷方											✓	借或贷	余额										
月	日				亿	千	百	十	万	千	百	十	元	角	分		亿	千	百	十	万	千	百	十	元	角	分			亿	千	百	十	万	千	百	十	元	角	分
1	1		期初余额																										贷									0		

其他应付账款 明细分类账

明细账序号:23—1

户名:高国有

本户页数:1

2012年		凭证		摘要	对应科目	借方											✓	贷方											✓	借或贷	余额										
月	日	字	号			亿	千	百	十	万	千	百	十	元	角	分		亿	千	百	十	万	千	百	十	元	角	分			亿	千	百	十	万	千	百	十	元	角	分
1	1			期初余额																										贷						6	0	0	0	0	0

注:本账户余额是2011年11月1日因故收取人力资源部高国有的押金,并已在当月编制了第19号收款账凭证。

其他应付账款 明细分类账

明细账序号:23－2

户名:关军

本户页数:1

2012年		凭证		摘要	对应科目	借方											✓	贷方											✓	借或贷	余额										
月	日	字	号			亿	千	百	十	万	千	百	十	元	角	分		亿	千	百	十	万	千	百	十	元	角	分			亿	千	百	十	万	千	百	十	元	角	分
1	1			期初余额																										贷						3	0	0	0	0	0

注:本账户余额是2011年12月28日公司确定给予设备处关军的补贴,并已在当月编制了第78号转款账凭证。

长期借款 明细分类账

明细账序号:24

本户页数:1

2012年		凭证编号	摘要	对应科目	借方											✓	贷方											✓	借或贷	余额										
月	日				亿	千	百	十	万	千	百	十	元	角	分		亿	千	百	十	万	千	百	十	元	角	分			亿	千	百	十	万	千	百	十	元	角	分
1	1		期初余额																										贷			1	0	0	0	0	0	0	0	0

注:本账户余额是2011年1月1日从工商银行借入的1笔长期借款,期限10年,年利率6%。

应付债券 明细分类账

明细账序号:25－1

二级明细科目:面值

本户页数:1

2012年		凭证编号	摘要	对应科目	借方											✓	贷方											✓	借或贷	余额										
月	日				亿	千	百	十	万	千	百	十	元	角	分		亿	千	百	十	万	千	百	十	元	角	分			亿	千	百	十	万	千	百	十	元	角	分
1	1		期初余额																										贷				4	0	0	0	0	0	0	0

应付债券 明细分类账

明细账序号:25－2

二级明细科目:应计利息

本户页数:1

2012年		凭证编号	摘要	对应科目	借方											✓	贷方											✓	借或贷	余额										
月	日				亿	千	百	十	万	千	百	十	元	角	分		亿	千	百	十	万	千	百	十	元	角	分			亿	千	百	十	万	千	百	十	元	角	分
1	1		期初余额																										贷					3	1	0	0	0	0	0

应付债券 明细分类账

明细账序号:25－3

二级明细科目:利息调整

本户页数:1

2012年		凭证编号	摘要	对应科目	借方											✓	贷方											✓	借或贷	余额										
月	日				亿	千	百	十	万	千	百	十	元	角	分		亿	千	百	十	万	千	百	十	元	角	分			亿	千	百	十	万	千	百	十	元	角	分
1	1		期初余额																										贷						3	7	8	0	0	0

长期应付款 明细分类账

明细账序号:26

本户页数:1

2012年		凭证编号	摘要	对应科目	借方											✓	贷方											✓	借或贷	余额										
月	日				亿	千	百	十	万	千	百	十	元	角	分		亿	千	百	十	万	千	百	十	元	角	分			亿	千	百	十	万	千	百	十	元	角	分
1	1		期初余额																										贷				8	2	3	2	0	0	0	0

实收资本　明细分类账

明细账序号:27－1

二级明细科目:A公司

本户页数:1

2012年		凭证编号	摘要	对应科目	借方											✓	贷方											✓	借或贷	余额										
月	日				亿	千	百	十	万	千	百	十	元	角	分		亿	千	百	十	万	千	百	十	元	角	分			亿	千	百	十	万	千	百	十	元	角	分
1	1		期初余额																										贷			5	0	0	0	0	0	0	0	0

实收资本　明细分类账

明细账序号:27－2

二级明细科目:B公司

本户页数:1

2012年		凭证编号	摘要	对应科目	借方											✓	贷方											✓	借或贷	余额										
月	日				亿	千	百	十	万	千	百	十	元	角	分		亿	千	百	十	万	千	百	十	元	角	分			亿	千	百	十	万	千	百	十	元	角	分
1	1		期初余额																										贷			1	0	0	0	0	0	0	0	0

资本公积　明细分类账

明细账序号:28

本户页数:1

2012年		凭证编号	摘要	对应科目	借方											✓	贷方											✓	借或贷	余额										
月	日				亿	千	百	十	万	千	百	十	元	角	分		亿	千	百	十	万	千	百	十	元	角	分			亿	千	百	十	万	千	百	十	元	角	分
1	1		期初余额																										贷			1	1	2	0	0	0	0	0	0

盈余公积　明细分类账

明细账序号:29

本户页数:1

2012年		凭证编号	摘要	对应科目	借方											✓	贷方											✓	借或贷	余额										
月	日				亿	千	百	十	万	千	百	十	元	角	分		亿	千	百	十	万	千	百	十	元	角	分			亿	千	百	十	万	千	百	十	元	角	分
1	1		期初余额																										贷				6	9	9	9	8	8	0	0

生产成本　明细分类账

明细账序号:30－1

二级明细科目:基本生产成本　　三级明细科目:凸轮轴仿形车床

本户页数:1

2012年		凭证编号	摘要	对应科目	直接材料								直接人工								制造费用																借或贷	余额							
月	日				十	万	千	百	十	元	角	分	十	万	千	百	十	元	角	分	十	万	千	百	十	元	角	分	十	万	千	百	十	元	角	分		十	万	千	百	十	元	角	分
1	1		期初余额																																		借						0		

生产成本　明细分类账

明细账序号:30－2

二级明细科目:基本生产成本　　三级明细科目:数控管螺纹车床

本户页数:1

2012年		凭证编号	摘要	对应科目	直接材料								直接人工								制造费用																借或贷	余额							
月	日				十	万	千	百	十	元	角	分	十	万	千	百	十	元	角	分	十	万	千	百	十	元	角	分	十	万	千	百	十	元	角	分		十	万	千	百	十	元	角	分
1	1		期初余额																																		借						0		

生产成本 明细分类账

明细账序号:30—3

本户页数:1

二级明细科目:辅助生产成本 三级明细科目:机修

2012年		凭证编号	摘要	对应科目	借方											✓	贷方											✓	借或贷	余额										
月	日				亿	千	百	十	万	千	百	十	元	角	分		亿	千	百	十	万	千	百	十	元	角	分			亿	千	百	十	万	千	百	十	元	角	分
1	1		期初余额																										借									0		

生产成本 明细分类账

明细账序号:30—4

本户页数:1

二级明细科目:辅助生产成本 三级明细科目:供电

2012年		凭证编号	摘要	对应科目	借方											✓	贷方											✓	借或贷	余额										
月	日				亿	千	百	十	万	千	百	十	元	角	分		亿	千	百	十	万	千	百	十	元	角	分			亿	千	百	十	万	千	百	十	元	角	分
1	1		期初余额																										借									0		

制造费用 明细分类账

明细账序号:31—1

本户页数:1

二级明细科目:工资

2012年		凭证编号	摘要	对应科目	借方											✓	贷方											✓	借或贷	余额										
月	日				亿	千	百	十	万	千	百	十	元	角	分		亿	千	百	十	万	千	百	十	元	角	分			亿	千	百	十	万	千	百	十	元	角	分
1	1		期初余额																										借									0		

制造费用 明细分类账

明细账序号:31—2

本户页数:1

二级明细科目:修理费

2012年		凭证编号	摘要	对应科目	借方											✓	贷方											✓	借或贷	余额										
月	日				亿	千	百	十	万	千	百	十	元	角	分		亿	千	百	十	万	千	百	十	元	角	分			亿	千	百	十	万	千	百	十	元	角	分
1	1		期初余额																										借									0		

制造费用 明细分类账

明细账序号:31—3

本户页数:1

二级明细科目:水电费

2012年		凭证编号	摘要	对应科目	借方											✓	贷方											✓	借或贷	余额										
月	日				亿	千	百	十	万	千	百	十	元	角	分		亿	千	百	十	万	千	百	十	元	角	分			亿	千	百	十	万	千	百	十	元	角	分
1	1		期初余额																										借									0		

制造费用 明细分类账

明细账序号:31—4

本户页数:1

二级明细科目:折旧费

2012年		凭证编号	摘要	对应科目	借方											✓	贷方											✓	借或贷	余额										
月	日				亿	千	百	十	万	千	百	十	元	角	分		亿	千	百	十	万	千	百	十	元	角	分			亿	千	百	十	万	千	百	十	元	角	分
1	1		期初余额																										借									0		

制造费用　　明细分类账　　　　明细账序号:31－5

二级明细科目:其他费　　　　本户页数:1

2012 年		凭证编号	摘　要	对应科目	借　方										✓	贷　方										✓	借或贷	余　额									
月	日				亿	千	百	十	万	千	百	十	元	角	分		亿	千	百	十	万	千	百	十	元	角	分			亿	千	百	十	万	千	百	十	元	角	分
1	1		期初余额																										借									0		

管理费用　　明细分类账　　　　明细账序号:32

本户页数:1

2012 年		凭证编号	摘　要	合　计										费用项目							
月	日			千	百	十	万	千	百	十	元	角	分	工资	办公费	水电费	差旅费	折旧费	书报费	保险费	其他费用
1	1		期初余额								0										

(2)总账预期功能目标

①能够利用建立的会计科目体系,完成凭证处理、账簿处理和期末对账及结账工作。

②实现个人、部门、客户、供应商、项目管理等辅助管理功能。

③实现银行自动对账功能和支票登记簿管理功能。

④实现记账凭证的万能查询和汇总。

⑤实现按多种条件对总账、日记账、明细账及辅助账簿进行查询。账簿格式可自行设定。

4. 报表业务描述

(1)目前财务报表编制情况

公司每月月末编制 3 张财务报表:资产负债表、利润表和现金流量表。其中,资产负债表和利润表利用现有报表系统进行编制,现金流量表月末采用间接法通过调整的方式进行手工编制。

(2)报表预期功能目标

①可以自行设计报表格式,通过公式取数自动编制各种报表。

②实现对报表的审核、汇总、舍位平衡和生成图表的自动处理。

③可利用报表系统提供的报表模板生成财务报表,同时可自行设计报表模板。

④现金流量表利用直接法编制。

5. 工资业务描述

(1)工资核算资料

①工资基本项目

基本工资、岗位工资、副食补助、奖金、加班天数、加班费、日工资、事假天数、事假扣款、病假天数、病假扣款、代扣税、扣医疗保险、扣养老保险、扣住房公积金、应付职工薪酬。

②工资项目计算方法

基本工资:企业管理人员 3 200 元,车间管理人员 2 800 元,销售人员 2 300 元,生产工人 2 500元。

岗位工资:部门负责人 1 500 元,其他人员 900 元。

副食补助:每人 600 元。

奖金:月末依据工作完成情况手工填入。

加班费:不论级别,一律每天50元。

$$日工资=\frac{基本工资}{22.5}$$

事假扣款:事假天数×日工资×80%

病假扣款:病假天数×日工资×50%

应付职工薪酬:自行定义。

代扣税:扣税依据为"应付职工薪酬",扣缴基数3 500元,按系统默认税率计算。

扣养老保险:应付职工薪酬×7%

扣医疗保险:应付职工薪酬×4%

扣住房公积金:应付职工薪酬×8%

③退休人员工资

总账系统按总数入账。

④工商银行代发工资

单位在银行的编号为:5566。

每个人的银行账号为7位,前四位是5566,后3位自行排序编写。

(2)预期功能目标

①可以自行设计工资项目和计算公式,完成工资数据的调整、结算和汇总。

②自动计算个人所得税。

③可以自动扣零或者由银行代发工资。

④可以自动完成工资分摊和计提业务,并自动生成记账凭证。

⑤能够进行多层次、多角度的工资数据查询。

6. 固定资产管理业务

由设备处职员盘点企业全部固定资产,账实核对相符,现有固定资产21项。

(1)固定资产卡片数据

固定资产卡片 卡片序号:1

固定资产编号		固定资产名称	A厂房	类别名称	房屋
使用部门	铸造车间	增加方式	在建工程转入	使用状况	在用
原值(元)	900 000	开始使用日期	1998－12－1	预计使用年限	30
折旧方法	直线法	净残值率	5%	累计折旧	142 500
使用人	于波		验收人	关军	

固定资产卡片 卡片序号:2

固定资产编号		固定资产名称	B厂房	类别名称	房屋
使用部门	机加车间	增加方式	在建工程转入	使用状况	在用
原值(元)	1 000 000	开始使用日期	1998－12－1	预计使用年限	30
折旧方法	直线法	净残值率	5%	累计折旧	126 666
使用人	于波		验收人	关军	

固定资产卡片

卡片序号:3

固定资产编号		固定资产名称	C 厂房	类别名称	房屋
使用部门	装配车间	增加方式	在建工程转入	使用状况	在用
原值(元)	1 920 000	开始使用日期	1998－12－1	预计使用年限	30
折旧方法	直线法	净残值率	5%	累计折旧	243 200
使用人	于波		验收人	关军	

固定资产卡片

卡片序号:4

固定资产编号		固定资产名称	D 厂房	类别名称	房屋
使用部门	机修车间	增加方式	在建工程转入	使用状况	在用
原值(元)	1 200 000	开始使用日期	1998－12－1	预计使用年限	30
折旧方法	直线法	净残值率	5%	累计折旧	15 200
使用人	于波		验收人	关军	

固定资产卡片

卡片序号:5

固定资产编号		固定资产名称	E 厂房	类别名称	房屋
使用部门	配电车间	增加方式	在建工程转入	使用状况	在用
原值(元)	1 500 000	开始使用日期	1998－12－1	预计使用年限	30
折旧方法	直线法	净残值率	5%	累计折旧	19 000
使用人	于波		验收人	关军	

固定资产卡片

卡片序号:6

固定资产编号		固定资产名称	办公楼	类别名称	房屋
使用部门	厂办	增加方式	在建工程转入	使用状况	在用
原值(元)	1 800 000	开始使用日期	1998－12－1	预计使用年限	30
折旧方法	直线法	净残值率	5%	累计折旧	228 000
使用人	于波		验收人	关军	

固定资产卡片

卡片序号:7

固定资产编号		固定资产名称	锅炉	类别名称	通用设备
使用部门	铸造车间	增加方式	直接购入	使用状况	在用
原值(元)	85 000	开始使用日期	1999－2－1	预计使用年限	10
折旧方法	双倍余额递减法	净残值率	5%	累计折旧	52 932
使用人	于波		验收人	关军	

固定资产卡片　　卡片序号:8

固定资产编号		固定资产名称	小锅炉	类别名称	通用设备
使用部门	铸造车间	增加方式	直接购入	使用状况	在用
原值(元)	70 000	开始使用日期	1999－2－1	预计使用年限	10
折旧方法	双倍余额递减法	净残值率	5%	累计折旧	43 591
使用人	于波		验收人	关军	

固定资产卡片　　卡片序号:9

固定资产编号		固定资产名称	刨床－1	类别名称	通用设备
使用部门	机加车间	增加方式	直接购入	使用状况	在用
原值(元)	25 000	开始使用日期	1999－2－1	预计使用年限	10
折旧方法	双倍余额递减法	净残值率	5%	累计折旧	15 568
使用人	于波		验收人	关军	

固定资产卡片　　卡片序号:10

固定资产编号		固定资产名称	钻床－2	类别名称	通用设备
使用部门	机加车间	增加方式	直接购入	使用状况	在用
原值(元)	87 000	开始使用日期	1998－12－1	预计使用年限	5
折旧方法	直线法	净残值率	5%	累计折旧	80 000
使用人	于波		验收人	关军	

固定资产卡片　　卡片序号:11

固定资产编号		固定资产名称	六角车床－1	类别名称	通用设备
使用部门	机加车间	增加方式	直接购入	使用状况	在用
原值(元)	19 000	开始使用日期	1999－2－1	预计使用年限	10
折旧方法	直线法	净残值率	5%	累计折旧	17 500
使用人	于波		验收人	关军	

固定资产卡片　　卡片序号:12

固定资产编号		固定资产名称	六角车床－2	类别名称	通用设备
使用部门	机加车间	增加方式	直接购入	使用状况	在用
原值(元)	19 000	开始使用日期	1999－2－1	预计使用年限	10
折旧方法	直线法	净残值率	5%	累计折旧	17 500
使用人	于波		验收人	关军	

固定资产卡片　　卡片序号：*13*

固定资产编号		固定资产名称	六角车床—3	类别名称	通用设备
使用部门	机加车间	增加方式	直接购入	使用状况	在用
原值(元)	19 000	开始使用日期	1999—2—1	预计使用年限	10
折旧方法	直线法	净残值率	5%	累计折旧	17 500
使用人	于波		验收人	关军	

固定资产卡片　　卡片序号：*14*

固定资产编号		固定资产名称	六角车床—4	类别名称	通用设备
使用部门	机加车间	增加方式	直接购入	使用状况	在用
原值(元)	19 000	开始使用日期	1999—2—1	预计使用年限	10
折旧方法	直线法	净残值率	5%	累计折旧	17 500
使用人	于波		验收人	关军	

固定资产卡片　　卡片序号：*15*

固定资产编号		固定资产名称	六角车床—5	类别名称	通用设备
使用部门	机加车间	增加方式	直接购入	使用状况	在用
原值(元)	19 000	开始使用日期	1999—2—1	预计使用年限	10
折旧方法	直线法	净残值率	5%	累计折旧	17 500
使用人	于波		验收人	关军	

固定资产卡片　　卡片序号：*16*

固定资产编号		固定资产名称	吊车	类别名称	通用设备
使用部门	装配车间	增加方式	直接购入	使用状况	在用
原值(元)	750 000	开始使用日期	2000—12—1	预计使用年限	5
折旧方法	年数总和法	净残值率	5%	累计折旧	570 000
使用人	于波		验收人	关军	

固定资产卡片　　卡片序号：*17*

固定资产编号		固定资产名称	叉车	类别名称	通用设备
使用部门	装配车间	增加方式	直接购入	使用状况	在用
原值(元)	400 000	开始使用日期	2000—12—1	预计使用年限	5
折旧方法	年数总和法	净残值率	5%	累计折旧	304 000
使用人	于波		验收人	关军	

固定资产卡片 卡片序号:18

固定资产编号		固定资产名称	虎钳	类别名称	通用设备
使用部门	机修车间	增加方式	直接购入	使用状况	在用
原值(元)	120 000	开始使用日期	2000－12－1	预计使用年限	5
折旧方法	年数总和法	净残值率	5%	累计折旧	91 200
使用人	于波		验收人	关軍	

固定资产卡片 卡片序号:19

固定资产编号		固定资产名称	变压器	类别名称	通用设备
使用部门	配电车间	增加方式	直接购入	使用状况	在用
原值(元)	200 000	开始使用日期	2000－12－1	预计使用年限	5
折旧方法	年数总和法	净残值率	5%	累计折旧	152 000
使用人	于波		验收人	关軍	

固定资产卡片 卡片序号:20

固定资产编号		固定资产名称	办公设备	类别名称	专用设备
使用部门	厂办	增加方式	直接购入	使用状况	在用
原值(元)	400 000	开始使用日期	2000－12－1	预计使用年限	5
折旧方法	年数总和法	净残值率	5%	累计折旧	304 000
使用人	于波		验收人	关軍	

固定资产卡片 卡片序号:21

固定资产编号		固定资产名称	磨齿机	类别名称	通用设备
使用部门	机加车间	增加方式	直接购入	使用状况	不需用
原值(元)	39 000	开始使用日期	2000－12－1	预计使用年限	18
折旧方法	年数总和法	净残值率	5%	累计折旧	15 000
使用人	于波		验收人	关軍	

(2)固定资产具体业务规则

每月月末计提折旧。

当月增加的固定资产不提折旧,当月减少的固定资产照提折旧。

月末与总账对账相平。

(3)预期功能目标

完成企业固定资产日常业务的核算和管理,能够根据固定资产的增加、减少、原值及其他变动情况,生成管理固定资产卡片。

自动计提折旧,生成折旧清单和折旧分配表,并自动编制记账凭证。

自动生成全部固定资产账表,可随时查询统计表、账簿、分析表等。

7. 应收款业务

(1)应收账款管理现状

公司目前应收账款业务较多,金额较大,明细账体系庞大。应收账款核销工作量大,经常有串户的现象,数据查询困难。

(2)现有业务数据整理

截至2012年1月1日,尚有4笔销售业务未收到货款,其中:大连重型机械1笔,长春市外贸公司1笔,吉林机电公司2笔,具体发票信息见上述“3. 总账业务描述”中应收账款明细账的附注信息。

截至2012年1月1日,有1笔预收沈阳机电公司货款的业务。具体发票信息见上述“3. 总账业务描述”中预收账款明细账的附注信息。

(3)预期功能目标

①能够以销售发票、费用单、其他应收款等原始单据为依据,记录销售业务及其他业务形成的往来款项。

②完成往来业务核算并生成记账凭证。

③能够处理应收款项的核销处理、坏账处理、往来转账等业务。

④实现票据管理,能够自动计算现金折扣。

⑤实现往来业务账表的万能查询。

8. 应付款业务

(1)应付账款管理现状

公司目前应付账款业务多,金额较大,明细账体系庞大。应付账款核销工作量大,经常有串户的现象,数据查询困难。

(2)现有业务数据整理

截至2012年1月1日,还有3笔采购业务尚未支付货款,其中:长春市电器商店2笔,长春市开化轴承厂1笔。具体信息见上述“3. 总账业务描述”中应付账款明细账的附注信息。

截至2012年1月1日,采购预付货款业务有3笔,其中:阳州钢铁公司1笔,长春市开化轴承厂2笔。具体信息见上述“3. 总账业务描述”中预付账款明细账的附注信息。

(3)预期功能目标

①实现以采购发票、其他应付单等原始单据为依据,记录采购业务及其他业务所形成的往来款项。

②实现应付款项的支付、核销、转账等业务的处理。

③能够自动核算生成记账凭证。

④实现票据管理。

⑤实现往来业务账表的万能查询。

9. 存货核算业务

(1)存货核算业务处理规则

注意:本次设计暂不启用成本核算子系统,不进行辅助生产成本和费用的归集与分配。

为简化核算,本系统约定:“制造费用”科目按五个车间下设明细账,对于辅助生产车间发生的各项费用,直接计入制造费用,期末将制造费用总额按60%和40%的比例在两种产品之间分配。完工产品成本结转时，按参考成本计算结转(其中：普通车床 24 000 元，数控车床 16 500元)。

核算方式按存货核算，暂估方式采用月初回冲，销售成本核算按销售出库单核算，委托代销按发出商品核算。

低值易耗品、包装物领用时费用一次性摊销。

(2)现有存货信息

企业存货主要分原材料、燃料、外购半成品、辅助材料、低值易耗品、包装物、产成品七个大类。其中，低值易耗品又分为劳动保护品、附件和专用工具 3 个类别。

具体存货信息见下列仓库活页账所示：

仓库活页账

类别：原料及主要材料　　存放地点：原辅材料库　　活页 1

品名：生铁　规格型号：　计量单位：吨　最高定额：180　最低定额：120　计价方式：移动平均法

2012年		凭证编号	摘要	收入												发出												结存											
月	日			数量	单价	金额										数量	单价	金额										数量	单价	金额									
						千	百	十	万	千	百	十	元	角	分			千	百	十	万	千	百	十	元	角	分			千	百	十	万	千	百	十	元	角	分
1	1		期初余额																									100	2 300			2	3	0	0	0	0	0	0

仓库活页账

类别：原料及主要材料　　存放地点：原辅材料库　　活页 2

品名：圆钢　规格型号：　计量单位：吨　最高定额：370　最低定额：80　计价方式：移动平均法

2012年		凭证编号	摘要	收入												发出												结存											
月	日			数量	单价	金额										数量	单价	金额										数量	单价	金额									
						千	百	十	万	千	百	十	元	角	分			千	百	十	万	千	百	十	元	角	分			千	百	十	万	千	百	十	元	角	分
1	1		期初余额																									80	3 000			2	4	0	0	0	0	0	0

仓库活页账

类别：燃料　　存放地点：原辅材料库　　活页 3

品名：焦炭　规格型号：　计量单位：吨　最高定额：90　最低定额：20　计价方式：移动平均法

2012年		凭证编号	摘要	收入												发出												结存											
月	日			数量	单价	金额										数量	单价	金额										数量	单价	金额									
						千	百	十	万	千	百	十	元	角	分			千	百	十	万	千	百	十	元	角	分			千	百	十	万	千	百	十	元	角	分
1	1		期初余额																									90	470				4	2	3	0	0	0	0

仓库活页账

类别：燃料　　存放地点：原辅材料库　　活页 4

品名：煤　规格型号：　计量单位：吨　最高定额：50　最低定额：20　计价方式：移动平均法

2012年		凭证编号	摘要	收入												发出												结存											
月	日			数量	单价	金额										数量	单价	金额										数量	单价	金额									
						千	百	十	万	千	百	十	元	角	分			千	百	十	万	千	百	十	元	角	分			千	百	十	万	千	百	十	元	角	分
1	1		期初余额																									20	180					3	6	0	0	0	0

仓库活页账

类别：外购半成品　　存放地点：原辅材料库　　活页 5

品名：电机　规格型号：Y123M　计量单位：台　最高定额：200　最低定额：15　计价方式：移动平均法

2012年		凭证编号	摘要	收入												发出												结存											
月	日			数量	单价	金额										数量	单价	金额										数量	单价	金额									
						千	百	十	万	千	百	十	元	角	分			千	百	十	万	千	百	十	元	角	分			千	百	十	万	千	百	十	元	角	分
1	1		期初余额																									180	1 440			2	5	9	2	0	0	0	0

仓库活页账

类别：外购半成品　　存放地点：原辅材料库　　活页 6

品名：电机　规格型号：AOB－25　计量单位：台　最高定额：540　最低定额：350　计价方式：移动平均法

2012年		凭证编号	摘要	收入												发出												结存											
月	日			数量	单价	金额										数量	单价	金额										数量	单价	金额									
						千	百	十	万	千	百	十	元	角	分			千	百	十	万	千	百	十	元	角	分			千	百	十	万	千	百	十	元	角	分
1	1		期初余额																									500	260			1	3	0	0	0	0	0	0

仓库活页账

类别：外购半成品　　存放地点：原辅材料库　　活页 7

品名：轴承　规格型号：D318　计量单位：套　最高定额：2 000　最低定额：1 200　计价方式：移动平均法

2012年		凭证编号	摘要	收入												发出												结存											
月	日			数量	单价	金额										数量	单价	金额										数量	单价	金额									
						千	百	十	万	千	百	十	元	角	分			千	百	十	万	千	百	十	元	角	分			千	百	十	万	千	百	十	元	角	分
1	1		期初余额																									1 800	350			6	3	0	0	0	0	0	0

仓库活页账

类别：外购半成品　　存放地点：原辅材料库　　活页 8

品名：轴承　规格型号：D462　计量单位：套　最高定额：2 900　最低定额：1 300　计价方式：移动平均法

2012年		凭证编号	摘要	收入												发出												结存											
月	日			数量	单价	金额										数量	单价	金额										数量	单价	金额									
						千	百	十	万	千	百	十	元	角	分			千	百	十	万	千	百	十	元	角	分			千	百	十	万	千	百	十	元	角	分
1	1		期初余额																									2 700	138			3	7	2	6	0	0	0	0

仓库材料(产成品)明细账

类别：外购半成品　　存放地点：原辅材料库　　活页 9

品名：标准件　规格型号：　计量单位：个　最高定额：3 000　最低定额：1 300　计价方式：移动平均法

2012年		凭证编号	摘要	收入												发出												结存											
月	日			数量	单价	金额										数量	单价	金额										数量	单价	金额									
						千	百	十	万	千	百	十	元	角	分			千	百	十	万	千	百	十	元	角	分			千	百	十	万	千	百	十	元	角	分
1	1		期初余额																									2 000	20.50				4	1	0	0	0	0	0	0

仓库活页账

类别：辅助材料　　存放地点：原辅材料库　　活页 10

品名：油漆　规格型号：　计量单位：千克　最高定额：1 500　最低定额：800　计价方式：移动平均法

2012年		凭证编号	摘要	收入												发出												结存											
月	日			数量	单价	金额										数量	单价	金额										数量	单价	金额									
						千	百	十	万	千	百	十	元	角	分			千	百	十	万	千	百	十	元	角	分			千	百	十	万	千	百	十	元	角	分
1	1		期初余额																									1 100	10				1	1	0	0	0	0	0	0

仓库活页账

类别：辅助材料　　存放地点：原辅材料库　　活页 11

品名：润滑油　规格型号：　计量单位：千克　最高定额：410　最低定额：150　计价方式：移动平均法

2012年		凭证编号	摘要	收入												发出												结存											
月	日			数量	单价	金额										数量	单价	金额										数量	单价	金额									
						千	百	十	万	千	百	十	元	角	分			千	百	十	万	千	百	十	元	角	分			千	百	十	万	千	百	十	元	角	分
1	1		期初余额																									380	4					1	5	2	0	0	0

仓库活页账

类别:低值易耗品——劳保用品　　存放地点:周转材料库　　活页 12

品名:工作服　规格型号:　计量单位:套　摊销方法:一次性摊销　计价方式:移动平均法

2012年		凭证编号	摘要	收入												发出												结存											
月	日			数量	单价	金额										数量	单价	金额										数量	单价	金额									
						千	百	十	万	千	百	十	元	角	分			千	百	十	万	千	百	十	元	角	分			千	百	十	万	千	百	十	元	角	分
1	1		期初余额																									20	35.90						7	1	8	0	0

仓库活页账

类别:低值易耗品——劳保用品　　存放地点:周转材料库　　活页 13

品名:劳保鞋　规格型号:　计量单位:双　摊销方法:一次性摊销　计价方式:移动平均法

2012年		凭证编号	摘要	收入												发出												结存											
月	日			数量	单价	金额										数量	单价	金额										数量	单价	金额									
						千	百	十	万	千	百	十	元	角	分			千	百	十	万	千	百	十	元	角	分			千	百	十	万	千	百	十	元	角	分
1	1		期初余额																									50	30					1	5	0	0	0	0

仓库活页账

类别:低值易耗品——劳保用品　　存放地点:周转材料库　　活页 14

品名:耐热手套　规格型号:　计量单位:副　摊销方法:一次性摊销　计价方式:移动平均法

2012年		凭证编号	摘要	收入												发出												结存											
月	日			数量	单价	金额										数量	单价	金额										数量	单价	金额									
						千	百	十	万	千	百	十	元	角	分			千	百	十	万	千	百	十	元	角	分			千	百	十	万	千	百	十	元	角	分
1	1		期初余额																									30	4.50						1	3	5	0	0

仓库活页账

类别:低值易耗品——普通工具　　存放地点:周转材料库　　活页 15

品名:勾扳手　规格型号:　计量单位:个　摊销方法:一次性摊销　计价方式:移动平均法

2012年		凭证编号	摘要	收入												发出												结存											
月	日			数量	单价	金额										数量	单价	金额										数量	单价	金额									
						千	百	十	万	千	百	十	元	角	分			千	百	十	万	千	百	十	元	角	分			千	百	十	万	千	百	十	元	角	分
1	1		期初余额																									50	4.80						2	4	0	0	0

仓库活页账

类别：低值易耗品——普通工具　　存放地点：周转材料库　　活页 16

品名：法兰盘　规格型号：　计量单位：个　摊销方法：一次性摊销　计价方式：移动平均法

2012年		凭证编号	摘要	收入												发出												结存											
月	日			数量	单价	金额										数量	单价	金额										数量	单价	金额									
						千	百	十	万	千	百	十	元	角	分			千	百	十	万	千	百	十	元	角	分			千	百	十	万	千	百	十	元	角	分
1	1		期初余额																									100	13.50					1	3	5	0	0	0

仓库活页账

类别：低值易耗品——普通工具　　存放地点：周转材料库　　活页 17

品名：螺钉　规格型号：　计量单位：盒　摊销方法：一次性摊销　计价方式：移动平均法

2012年		凭证编号	摘要	收入												发出												结存											
月	日			数量	单价	金额										数量	单价	金额										数量	单价	金额									
						千	百	十	万	千	百	十	元	角	分			千	百	十	万	千	百	十	元	角	分			千	百	十	万	千	百	十	元	角	分
1	1		期初余额																									50	15						7	5	0	0	0

仓库活页账

类别：低值易耗品——专用工具　　存放地点：周转材料库　　活页 18

品名：专用工具　规格型号：　计量单位：个　摊销方法：一次性摊销　计价方式：移动平均法

2012年		凭证编号	摘要	收入												发出												结存											
月	日			数量	单价	金额										数量	单价	金额										数量	单价	金额									
						千	百	十	万	千	百	十	元	角	分			千	百	十	万	千	百	十	元	角	分			千	百	十	万	千	百	十	元	角	分
1	1		期初余额																									4 000	45			1	8	0	0	0	0	0	0

仓库活页账

类别：包装物　　存放地点：周转材料库　　活页 19

品名：包装箱　规格型号：　计量单位：个　摊销方法：一次性摊销　计价方式：移动平均法

2012年		凭证编号	摘要	收入												发出												结存											
月	日			数量	单价	金额										数量	单价	金额										数量	单价	金额									
						千	百	十	万	千	百	十	元	角	分			千	百	十	万	千	百	十	元	角	分			千	百	十	万	千	百	十	元	角	分
1	1		期初余额																									43	400				1	7	2	0	0	0	0

仓库活页账

类别:产成品　　　　存放地点:产成品库　　　　活页 20

品名:凸轮轴仿形车床　规格型号:　计量单位:台　最高定额:80　最低定额:5　计价方式:先进先出法

2012年		凭证编号	摘要	收入												发出												结存											
月	日			数量	单价	金额										数量	单价	金额										数量	单价	金额									
						千	百	十	万	千	百	十	元	角	分			千	百	十	万	千	百	十	元	角	分			千	百	十	万	千	百	十	元	角	分
1	1		期初余额																									40	24 000			9	6	0	0	0	0	0	0

仓库活页账

类别:产成品　　　　存放地点:产成品库　　　　活页 21

品名:数控管螺纹车床　规格型号:　计量单位:台　最高定额:60　最低定额:5　计价方式:先进先出法

2012年		凭证编号	摘要	收入												发出												结存											
月	日			数量	单价	金额										数量	单价	金额										数量	单价	金额									
						千	百	十	万	千	百	十	元	角	分			千	百	十	万	千	百	十	元	角	分			千	百	十	万	千	百	十	元	角	分
1	1		期初余额																									30	16 500			4	9	5	0	0	0	0	0

(3)预期功能目标

①提供多种存货核算方法,自动计算存货出库、入库成本,为成本核算提供基础数据。

②动态反映存货资金的变动,有利于减少库存资金占用,加快资金周转。

③根据业务单据自动记账,生成各种存货明细账表。

④能够对存货价值进行暂估和调整。

⑤存货核算后自动生出记账凭证。

五、供应链部门业务调研

1. 采购部门

(1)目前采购业务描述

采购业务采用先订货、后采购的模式。

发运方式主要采用铁路、公路和海运。

(2)现有在途业务

在途物资　明细分类账　　　　明细账序号:8

二级明细科目:长春市开化轴承厂　　　　本户页数:1

2012年		凭证编号	摘要	对应科目	借方											✓	贷方											✓	借或贷	余额										
月	日				亿	千	百	十	万	千	百	十	元	角	分		亿	千	百	十	万	千	百	十	元	角	分			亿	千	百	十	万	千	百	十	元	角	分
1	1		期初余额																										借						4	8	0	0	0	0

注:本账户余额是2011年12月2日从长春市开化轴承厂采购油漆800千克,无税单价6元。

(3)采购管理预期功能目标

①进行采购订单管理,动态掌握订单执行情况,向延期交货的供应商发出催货函。

②处理采购入库单、采购发票,并根据采购发票确认采购入库成本。

③处理采购退货业务,进行单据查询及账表的查询统计。

④掌握存货的库存量信息,减少盲目采购,避免库存积压,减少资金占用。

⑤保持与供应商的密切联系,保障供给,努力降低采购成本。

2. 销售部门

(1)目前销售业务描述

企业现有委托代销业务、分期收款业务、直运销售等多种销售业务类型。其中,直运销售业务依据销售订单。

委托代销业务在代销商交来代销清单时确认销售收入,并向受托方开具销售发票。

(2)现有委托代销业务

2011 年 11 月 20 日,委托吉林机电公司代销凸轮轴仿形车床 10 台,见“3. 总账业务描述”中发出商品账页。

(3)销售管理功能目标

①控制超现有库存量发货。

②掌握销售情况,对于销售收入按销售人员归类分析,以便进行人员业绩考核。

③控制产成品的库存量,努力开拓市场,减少库存积压,提高产品的市场占有率。

④提高计划执行率,保证产品交货期,提高客户满意度。

⑤规范价格管理体系和信用控制体系。

3. 物资库存部门

(1)物资部业务描述

物资部现有下面 3 个仓库,存放管理多种存货,存货在仓库中的分布情况,见上述“(九)存货核算业务”中列示的仓库活页账。

原辅材料库

周转材料库

成品库

(2)预期功能目标

①随时提供各种存货的可用量、预计入库量、预计出库量等基本数据。

②实时提供存货的库存量,尤其是最高库存量和最低库存量两个重要指标,达到既保证生产供应,又合理降低库存资金占用的目的。

③实现库存物资的批次管理、保质期管理,真正做到先入先出,减少库存的积压和超期造成的浪费。

④实现库存物资的货位管理。

六、生产部业务调研

1. 生产工艺流程图

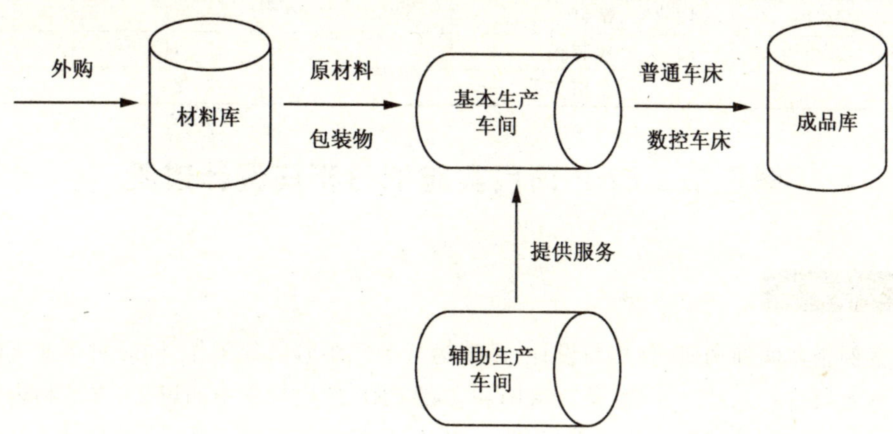

2. 装配车间——物料清单

母件名称	序号	子件名称	规格型号	基本用量分子	基本用量分母
数控管螺纹车床	1	生铁		1	1
	2	圆钢		1	1
	3	焦炭		1	1
	4	煤		1	1
	5	电机	Y123M	1	1
	6	电机	AOB－25	3	1
	7	轴承	D318	10	1
	8	轴承	D462	15	1
	9	标准件		15	1
	10	油漆		10	1
	11	润滑油		2	1
	12	勾扳手		1	1
	13	法兰盘		2	1
	14	螺钉		1	1
	15	包装箱		1	1
	16	专用工具		40	1
凸轮轴仿形车床	1	生铁		2	1
	2	圆钢		1	1
	3	焦炭		1	1
	4	电机	Y123M	2	1
	5	电机	AOB－25	6	1
	6	轴承	D318	20	1
	7	轴承	D462	15	1
	8	标准件		30	1
	9	油漆		10	1

续表

母件名称	序号	子件名称	规格型号	基本用量分子	基本用量分母
	10	润滑油		2	1
	11	勾扳手		1	1
	12	螺钉		1	1
	13	包装箱		1	1
	14	专用工具		20	1

第三节　ERP 项目实施的分析与设计过程

一、总体要求

针对案例企业实施调研、分析与设计、模拟运行等几个阶段的工作，同时对企业 ERP 实施过程和实施效果进行总结和评价，从而巩固和实践 ERP 理论教学中的思想、方法和内容，培养项目策划、架构设计、科研设计的能力，培养认真学习、积极探索的工作态度和良好的团队合作精神。

假如你是企业的项目负责人，负责 ERP 系统的上线实施和应用，请根据自己的分析内容、设计思想和实施过程，撰写该单位的 ERP 系统分析设计和实施报告。

二、具体要求

1. 对企业的基本情况及其组织结构的调研，分析要全面，设计思路要清晰，实施过程描述要完整。

2. 各部分业务流程图表达准确，数据关系清晰、内容简洁。

3. 系统资料编码及档案数据最好使用表格形式表达，做到栏目设计合理、内容规范完整，字迹清楚、独立完成。

三、设计思路和步骤

1. 总体规划设计。

(1)根据企业管理的需要确定购买、启用的子系统。

(2)依据各系统要达到的管理目标设置各系统的参数选项。

(3)通过业务处理流程图描述各系统业务处理过程。

(4)设计系统软、硬件环境。

2. 编码方案设计。

编码方案设计应遵循科学化、标准化、规范化、合理化的原则，保证编码的唯一性、可扩展性和方便性，在满足需要的前提下，代码尽可能简短。

在会计科目设计中，要注意考虑利用软件提供的**客户往来**、**供应商往来**、**部门核算**、**个人往来**等辅助核算功能代替相关明细账，以缩小庞大的账簿体系。

3. 整理基础档案。

4. 整理初始化数据。

尽可能参照软件的功能界面设计表格，整理初始数据，以便于上机处理。

5. 具体设计过程和报告撰写内容参看案例后附录。

第四节　案例业务上机运行

一、建立账套

依据企业背景资料。其中，账套号用自己学号。

二、系统初始化

依据之前设计整理的文档资料。

三、处理日常业务

1. 总账业务

业务 1　2012 年 1 月 8 日，企业因生产周转需要，从工商银行贷款 40 万元，期限 3 个月，利率 6%，到期一次性归还。

工商银行(短息贷款)借款凭证(回单)

单位编号：4255　　　　2012 年 1 月 8 日　　　　银行编号：

收款单位	名称	长春迅驰车床有限责任公司	付款单位	名称	工商银行长春分行开发区支行
	往来账户号	2210006908073320018		往来账户号	808222000000000001
	开户银行	工商银行长春分行开发区支行		开户银行	工商银行长春分行开发区支行

还款期限(最后还款日)	2012 年 4 月 8 日	利率	6%	起息日期	2012 年 1 月 8 日

		千	百	十	万	千	百	十	元	角	分
借款申请金额	人民币　肆拾万元整			4	0	0	0	0	0	0	0
借款原因及用途：生产周转	银行核定金额			4	0	0	0	0	0	0	0

备注：	期限	计划还款日期	计划还款金额
	3 个月	2012 年 4 月 8 日	400 000.00

上述借款业已同意贷给并转入你单位往来账户，借款到期时应按时归还。

此致

(银行盖章)　2012 年 1 月 8 日

此联系核定放款回单代借款单位往来户收款通知

业务2 1月2日，铸造车间工人违章操作，罚款250元。

收 据

2012年1月2日　　　　第　　号

交款单位：铸造车间　　交款人：赵　刚

事　　由：违章操作罚款

人民币（大写）：贰佰伍拾元整　　￥ 250.00

收款单位：　　会计主管：赵忠光　　收款人：李　芳

业务3 1月5日，总经理办公室孙立报销差旅费，剩余现金交回。

G99800011　　长春售

长 春　K518次　上 海

Changchun　　Shanghai

2011年12月28日12:53开　12车　19号下铺

￥626.00元　空调软座快速卧

限乘当日当次车

在3日内到有效

8828800003112 V0100021

G12345603　　上海售

上 海　K516次　长 春

Shanghai　　Changchun

2012年1月03日10:55开　07车　04号下铺

￥626.00元　空调软座快速卧

限乘当日当次车

在3日内到有效

8828800003112 V7709014

上海市宾馆酒店经营专用发票

发票联

No.20105222

2012年1月3日　　沪地税(2010)第一版019号

用户名称：长春迅驰车床有限责任公司

项目名称	住宿时间		天数	人数	单价	金额							
	到时	离时				十	万	千	百	十	元	角	分
住宿费	12月28日	1月3日	6	1	400			2	4	0	0	0	0
合计金额（大写）	人民币零拾零万贰仟肆佰零拾零元零角零分						￥	2	4	0	0	0	0

第二联报销凭证

收款单位（盖章有效）　　收款人：李艳明

出差旅费报销表

部门：总经理办公室　　　　2012年1月5日

月	日	时间	出发地	月	日	时间	到达地	机票费	车（船）票	卧铺费	夜行车补助		市内交通费		宿费			出差补助		其他	合计
											小时	金额	实支	包干	标准	实支	提成扣减	天数	金额		
12	28	12	长春	12	29	20	上海		626												626.00
1	3	10	上海	1	4	16	长春		626												626.00
																2 400					2 400.00
合计									1 252							2 400					3 652.00

出差任务	市场调研	报销金额人民币（大写）叁仟陆佰伍拾贰元零角零分 单位领导 李海洋　部门负责人 夏天　出差人 吴燕	预备金额	4 000.00
			报销金额	3 652.00
			结余或超支	348.00

会计主管：赵忠光　　记账：孙森　　审核：　　附单据叁张

业务4 1月7日，出纳员李芳提现8 000元。

中国工商银行
现金支票存根

Ⅱ Ⅳ 00124584

附加信息：

出票日期：2012年1月7日

收款人：长春迅驰车床有限责任公司
金额：8 000.00
用途：备用

单位主管：赵忠光　　会计：孙森

业务5 1月7日，采购部赵军出差借款4 000元，以现金给付。

吉财会账证50号

借款单(记账)

2012年1月7日 顺序第190号

借款单位	采购部	姓名	赵军	出差地点	上海	预计天数	3天
事由	解决技术接口问题	借款金额(大写)	人民币 肆仟元整 ¥4 000.00				
财务负责人签章	赵忠光	借款人签章	赵军	注意事项	一、有*者由借款人填写 二、凡借用公款必须使用本单 三、第三联为正式借据由借款人和单位负责人签章 四、出差返回后三日内结算		
部门领导批示	同意			审核意见	同意		

业务6 1月8日，以转账支票支付财务部外出培训费5 200元。

中央单位行政事业性收费统一收据
Unified Invoice of Central Unit for Administrative and Public Service Charge

国财00103 No.0910101012

缴款单位：长春迅驰车床有限责任公司 2012年1月8日

Payee Y M D

收费项目 Charge Item	收费标准 Standard of Charge	数量 Quantity	千	百	十	万	千	百	十	元	角	分
技术培训	2 600.00	2					5	2	0	0	0	0
金额合计(小写) Total Amount(In Figures)						¥	5	2	0	0	0	0
金额合计(大写) Total Amount(In Words)	人民币：伍仟贰佰元整											

第二联收据 Second Receipt

收费单位(公章)： Receives's Seal 复核： Verified by 收款人(盖章)：赵瑜 Payee Seal

中国工商银行
转账支票存根

VⅡ 00066445

附加信息：

出票日期：2012年1月8日

收款人：吉林大学
金额：5 200.00
用途：培训费

单位主管：赵忠光　　会计：孙森

业务7 1月10日，以现金报销总经理电话费用。

中国联通集团吉林省分公司收款专用发票

发票联

代码：221040545321

2012年1月10日　　No.00045415

用户名称	李海洋 13960008899		
合同号码		起止日期	2011年12月1日至2011年12月31日
本期收费金额及明细			金额结存
市话费	132.60		
国内长途费	6.20		
漫游费	36.90		300.00
月租费	8.00		183.80
短信费	0.00		0.00
数据通信费	0.10		116.20
合计金额(大写)	壹佰捌拾叁元捌角零分		183.80

收款单位(盖日戳章有效)：　　收款人：段晓丽　　手写无效

业务 8 1 月 20 日，开出现金支票购买办公用品。

吉林苏宁电器有限公司长春分公司商业货物销售发票

发票联

121040522091

01030277

开票日期：2012 年 1 月 20 日　　　　长国税(10)1 批(四)29 号

购货单位	名称	长春迅驰车床有限责任公司			纳税人登记号	220000112366005
	地址、电话	长春经开区吉林大路 1606 号 89123888			开户银行及账号	工商银行长春分行开发区支行 2210006908073320018
品名及规格		计量单位	数量	单价	金额	备注
计算器		个	10	128	1 280.00	(190534)－3105601 联营商品库
合计(大写)人民币壹仟贰佰捌拾元整						金额超过十万元无效
销售单位	名称	吉林苏宁电器有限公司长春分公司			纳税人登记号	2104400386428880
	地址、电话	长春市重庆路 98 号 0431－89891162			开户银行及账号	工行崇智路支行 2206620012029123412

②报销凭证

中国工商银行
现金支票存根

Ⅱ Ⅳ 00124585

附加信息：

出票日期：2012 年 1 月 20 日

收款人：苏宁电器长春分公司
金额：1 280.00
用途：购买办公用品

单位主管：赵忠光　　会计：孙森

业务 9　1 月 27 日，开出现金支票支付销售部招待费。

中国工商银行
现金支票存根

Ⅱ Ⅳ 00124586

附加信息：

出票日期：*2012 年 1 月 27 日*

收款人：*长春市华天大酒店*
金额：***1 200.00***
用途：*支付招待费*

单位主管：*赵忠光*　　会计：*孙森*

吉林省长春市饮食（娱乐）业定额专业发票

发票联

宽城地税

代码：221040775122
No.60108303

人民币 壹佰元整　¥100.00

年　月　日

收款单位（盖章有效）：

第二联报销凭证

吉林省长春市饮食（娱乐）业定额专用发票

兑奖凭证

宽城地税

刮开区

No.60108303

1 刮开区显示中奖金额，按发票开具日期十五日内兑奖，过期不予兑奖。

2 中奖者凭盖有收款方发票专用章的发票联及未剪下的刮奖凭证到消费所在地的地税机关办税服务厅办理领奖手续。

3 刮奖区显示幸运福彩字样可到本市各福彩投注站换取彩票（二元值）壹注。

其余11张发票略

业务10 1月21日，摊销本年报纸杂志费(具体摊销情况见前面财务核算制度的描述)。

2. 工资业务

业务11 本月职工考勤及加班情况如下：

部门	职工姓名	病假天数	事假天数	加班天数
总经理办公室	孙　立		1	
采购部	陈　卫	10		
铸造车间	刘　伟		2	
机加车间	李立峰			3
装配车间	刘　明			4
装配车间	张　妍			3
机修车间	贾　力			1

业务12 本月机加车间生产任务完成好，每人发放奖金450元。

3. 固定资产业务

(注：增值税信息不明确的可以不考虑。本月增加的固定资产均采用直线法，预计净残值率为5%。)

业务13 1月1日，购入起重机一台，已安装调试并交付机加车间使用，预计使用年限20年。开出转账支票支付货款。

辽宁增值税专用发票

发票联

2103998810　　　　No.00927622

开票日期：2012年1月1日

国税函[2009]649号 北京印钞厂

购货单位	名称：长春迅驰车床有限责任公司 纳税人识别号：220000112366005 地址、电话：长春市经开区吉林大路1606号 0431－84709018 开户行及账号：工行长春分行开发区支行 2210006908073320018	密码区	>72-78-5>23511*522197 3>6*>1068<7953>*2/*-0 228502<-26>4*40*>><31 547>>>9472547*78*438>	加密版本：01 1300051372 02995637

货物或应税劳务名称	规格型号	单位	数量	单价	金额	税率	税额
起重机		台	1	30 200.00	30 200.00	17%	5 134.00
合计					￥30 200.00		￥5 134.00
价税合计(大写)	⊗叁万伍仟叁佰叁拾肆元整				(小写)￥35 334.00		

销货单位	名称：大连起重机集团股份有限公司 纳税人识别号：210302900087601 地址、电话：大连市沙河口区蔚山路234号 0411－88652364 开户行及账号：工行大连分行沙河口支行 27000012298719871	备注	

收款人：　　复核：　　开票人：王磊　　销货单位：(章)

第三联 发票联 购货方记账凭证

中国工商银行
转账支票存根

V Ⅱ 00066444

附加信息：

出票日期：2012 年 1 月 1 日

收款人：大连起重机厂
金额：35 334.00
用途：购买起重机

单位主管：赵忠光　　会计：孙森

固定资产交接单

2012 年 1 月 1 日

移交单位	大连起重机厂	接收单位	长春迅驰车床有限责任公司
固定资产名称	起重机	规　格	
技术特征			
附属物			
建造企业	大连起重机厂	出厂日期	2012.1
安装单位	大连起重机厂	安装完工年月	
原　值	30 200	其中：安装费	
税　金	5 134		
移交单位负责人	郭林	接收单位负责人	宋华

业务 14 1 月 4 日，接受宏达公司捐赠的刨床 2 台，归机加车间使用。

固定资产转移单

捐赠单位：长春宏达公司

接收单位：长春迅驰车床有限责任公司 2012 年 1 月 10 日 调拨单号：0054

调拨原因或依据		生产急需				调拨方式	有偿	
固定资产名称	规格型号	单位	数量	预计使用年限	已使用年限	原值	已提折旧	净值
刨床		台	2	18		30 000.00		
捐赠单位：		（公章）			接受单位：		（公章）	
公章：					公章：			
财务：陈玉					财务：孙森			
经办：李辉					经办：赵飞			

业务 15 1 月 10 日，因生产急需接受调拨万能磨床 2 台。归机加车间使用，款项尚未支付。

固定资产调拨单

调出单位：重型机械厂

调入单位：长春迅驰车床有限责任公司 2012 年 1 月 10 日 调拨单号：0031

调拨原因或依据		生产急需				调拨方式	有偿		
固定资产名称	规格型号	单位	数量	预计使用年限	已使用年限	原值	已提折旧	净值	协商价格
万能磨床		台	2	18		160 000.00	18 000.00	142 000.00	150 000.00
调出单位：		（公章）			调入单位：		（公章）		备注
公章：					公章：				
财务：					财务：孙森				
经办：					经办：赵飞				

会计主管： 稽核： 制单：

业务16 1月11日，因生产计划调整，叉车由装配车间转给机加车间使用(本期暂不处理)。

业务17 1月13日，接受市机床附件厂的设备投资，归机加车间使用。

固定资产联营转移单

投出单位：长春市机床附件厂

投入单位：长春迅驰叉车有限责任公司 2012年1月13日 转移单号:00841

名称	型号	单位	数量	预计使用年限	已使用年限	原值	已提折旧	净值
万能铣床		台	1	18	3	45 000	7 500	37 500

调出单位：	公章	调入单位：	公章
财务负责人：		财务负责人：	
设备负责人：		设备负责人：	

业务18 1月14日，铸造车间锅炉改造项目竣工验收。

项目竣工验收单

批准文号:46101 2012年1月14日

项目	名称	铸造车间锅炉			金额	批准	16 000		日期	批准	2011年12月	
	性质	改造				实际	17 000			完成	2012年1月	
五种定额	名称/情况	修理工时费用	停歇时间	清洗用油	费用	材料消耗费						
						钢	铜	木材	水泥	五金	备品	其他
	计划	3 000				4 000		9 000				
	实际	3 000				4 000		9 800		200		
验收意见	经检查，质量达到设计要求，同意交付使用。											
验收人员	使用部门	王军辉				安全员			李新			
	总经理	李海洋				财务部			赵忠光			

主管： 经办人：

业务19 1月15日，磨齿机不需用出售。

固定资产调拨单

调出单位：长春迅驰车床有限责任公司

调入单位：市乡镇企业公司　　2012年1月15日　　调拨单号：0035

调拨原因或依据		生产急需				调拨方式	有偿		
固定资产名称	规格型号	单位	数量	预计使用年限	已使用年限	原值	已提折旧	净值	协商价格
磨齿机		台	1	18	3	39 000.00	15 000.00	24 000.00	27 000.00
调出单位：	（公章）			调入单位：		（公章）		备注	
公章：				公章：					
财务：				财务：					
经办：				经办：					

会计主管：　　稽核：　　制单：

中国工商银行　进账单（收账通知）　3

2012年1月15日

出票人	全称	长春市乡镇企业公司	收款人	全称	长春迅驰车床有限责任公司
	账号	2200001109234990090		账号	2210006908073320018
	开户银行	工行长春分行人民广场支行		开户银行	工行开发区支行
金额	人民币（大写）	贰万柒仟元整		千百十万千百十元角分	¥2700000
票据种类	转账支票	票据张数	1		
票据号码	9879				
复核：　记账：				收款人开户银行签章	

此联是开户银行交给收款人的收账通知

业务 20　1 月 21 日，钻床因使用年限已到报废清理。

固定资产清理报废单

2012 年 1 月 21 日

主管部门：					使用单位：		机加车间		
名称	单位	数量	原始价值	已提折旧	净值	预计使用年限	实际使用年限	支付清理费	收回变价收入
大型钻床	台	1	87 000	80 000	7 000	5	5	15 500	5 400
建造单位：	建造年份	出厂编号			申请报废原因：				
黄石锻压机床厂	1996	8642			已到使用年限				

负责人：　　　　经办人：

业务 21　1 月 29 日，经财产清查，盘亏 1 台六角车床。

财产清查报告单

2012 年 1 月 29 日　　　　NO. 1202

类别	财产名称	单位	单价	账面数量	实物数量	盘盈		盘亏		盈亏原因
						数量	金额	数量	金额	
	六角车床	台	19 000.00	5	4			1	19 000.00	待查
合　计				5	4			1	19 000.00	

第二联财务

财务：　　审批：　　主管：　　保管：　　制单：

4. 采购业务

业务 22　1 月 1 日，采购部赵军向抚顺煤矿订购燃煤用于生产。

订　货　单

订货部门：采购部　　2012 年 1 月 1 日　　订单号：01

材料编号	材料名称	规格	计量单位	数量	单价	金额	税率	计划到货日期
	煤		吨	30	180	5 400.00	17%	2012－1－20
合计金额		6 318.00		供货单位			抚顺煤矿	

负责人：　　　　经手人：赵军

业务 23　1 月 2 日，采购部刘力光采购圆钢一批，收到采购发票一张，货款未付。

吉林增值税专用发票

发票联

2200220011

No.80527528

开票日期：2012 年 1 月 2 日

国税函［2009］649号 北京印钞厂

购货单位	名　　称：长春迅驰车床有限责任公司 纳税人识别号：220000112366005 地 址 、电 话：长春市经开区吉林大路 1606 号 0431－84709018 开户行及账号：工行长春分行开发区支行 2210006908073320018			密码区	1＊522197>72-78-5>2315 3>6＊>1068<7953>＊2/＊-0 228502<-26>4＊40＊>><31 38>547>>>9472547＊78＊4	加密版本：01 1300051372 02995637	
货物或应税劳务名称	规格型号	单位	数量	单价	金额	税率	税额
圆钢		吨	80	4 000.00	320 000.00	17%	54 400.00
合计					¥320 000.00		¥54 400.00
价税合计（大写）	⊗叁拾柒万肆仟肆佰元整				（小写）¥374 400.00		
销货单位	名　　称：长春市阳州钢铁有限责任公司 纳税人识别号：220001209883321 地 址 、电 话：长春市双阳区团结路 48 号 0431－22963711 开户行及账号：工行吉林省分行双阳支行 2200889081010018917				备注		

收款人：　　复核：　　开票人：李帅　　销货单位：（章）

第三联 发票联 购货方记账凭证

收 料 单

2012 年 1 月 2 日　　编码：12014

材料编号	材料名称	规格	材质	单位	数量		实际单价	材料金额	运费	（合计）材料实际成本
					发票	实收				
	圆钢			吨	80	80	4 000.00	320 000.00	0.00	320 000.00
供货单位	阳州钢铁公司	结算方法					合同号			
备注										

主管：史莉方　　质量检验员：李新　　仓库验收：宋波　　经办人：赵军

②财务记账联

业务 24 1 月 5 日，采购部刘力光向长春市木器厂订购包装箱。

订 货 单

订货部门：采购部　　2012 年 1 月 5 日　　订单号：02

材料编号	材料名称	规格	计量单位	数量	单价	金额	税率	计划到货日期
	包装箱		个	70	380	26 600.00	17%	2012－1－15
合计金额		31 122.00		供货单位		长春市木器厂		

负责人：　　经手人：刘力光

业务 25 1 月 5 日，采购部陈卫向哈尔滨市轴承厂订购轴承。

订 货 单

订货部门：采购部　　2012 年 1 月 5 日　　订单号：03

材料编号	材料名称	规格	计量单位	数量	单价	金额	税率	计划到货日期
	轴承	D318	套	1 000	335	335 000.00	17%	2012－1－8
合计金额		391 950.00		供货单位		哈尔滨轴承厂		

负责人：　　经手人：陈卫

业务 26 1 月 6 日，采购部赵军向鞍山钢铁公司订购圆钢。

订 货 单

订货部门：采购部　　2012 年 1 月 6 日　　订单号：04

材料编号	材料名称	规格	计量单位	数量	单价	金额	税率	计划到货日期
	圆钢		吨	6	4 000	24 000.00	17%	2012－1－8
合计金额		28 080.00		供货单位		鞍山钢铁公司		

负责人：　　经手人：赵军

业务27 1月8日，采购部收到哈尔滨市轴承厂开具的专用发票一张，款项通过转账方式支付。

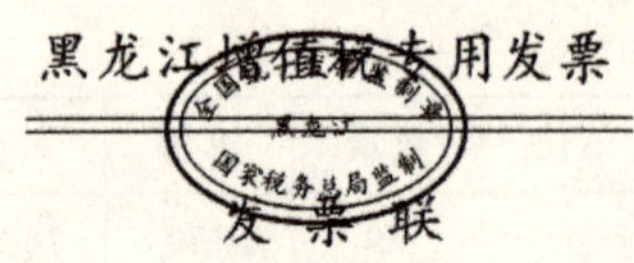

黑龙江增值税专用发票

发票联

2300220011

No.20727222

开票日期：2012年1月8日

购货单位	名称：长春迅驰车床有限责任公司 纳税人识别号：220000112366005 地址、电话：长春市经开区吉林大路1606号 0431－84709018 开户行及账号：工行长春分行开发区支行 2210006908073320018	密码区	1＊522197＞72-78-5＞2315 3＞6＊＞1068＜7953＞＊2/＊-0 228502＜-26＞4＊40＊＞＞＜31 38＞547＞＞＞9472547＊78＊4	加密版本：01 1300051372 02995637

货物或应税劳务名称	规格型号	单位	数量	单价	金额	税率	税额
轴承	D318	套	1 000	335.00	335 000.00	17%	56 950.00
合计					￥335 000.00		￥56 950.00
价税合计（大写）	⊗叁拾玖万壹仟玖佰伍拾元整				（小写）￥391 950.00		

销货单位	名称：哈尔滨市轴承厂 纳税人识别号：231100425196755 地址、电话：哈尔滨秋林大路225号 0451－88997719 开户行及账号：工行黑龙江省分行新华办事处 2300889081010018917	备注	

收款人： 复核： 开票人：王大鹏 销货单位：（章）

国税函［2009］649号 北京印钞厂

第三联 发票联 购货方记账凭证

中国工商银行

转账支票存根

VⅡ 00066446

附加信息：

出票日期：2012年1月8日

收款人：哈尔滨市轴承厂
金额：391 950.00
用途：支付购货款

单位主管：赵忠光 会计：孙森

业务 28 1 月 8 日，采购圆钢订单到货，并验收入库。

辽宁增值税专用发票

2200220011 发票联 **No.00727334**

开票日期：2012 年 1 月 8 日

<table>
<tr><td rowspan="4">购货单位</td><td>名　　称：长春迅驰车床有限责任公司</td><td rowspan="4">密码区</td><td colspan="5">1＊522197>72-78-5>2315
3>6＊>1068<7953>＊2/＊-0
228502<-26>4＊40＊>><31
38>547>>>9472547＊78＊4</td><td colspan="2">加密版本：01
1300051372
02995637</td></tr>
<tr><td>纳税人识别号：220000112366005</td></tr>
<tr><td>地 址 、电 话：长春市经开区吉林大路 1606 号 0431－84709018</td></tr>
<tr><td>开户行及账号：工行长春分行开发区支行 2210006908073320018</td></tr>
<tr><td colspan="2">货物或应税劳务名称</td><td>规格型号</td><td>单位</td><td>数量</td><td>单价</td><td>金额</td><td>税率</td><td>税额</td></tr>
<tr><td colspan="2">圆钢</td><td></td><td>吨</td><td>6</td><td>4 000.00</td><td>24 000.00</td><td>17%</td><td>4 080.00</td></tr>
<tr><td colspan="2">合计</td><td></td><td></td><td></td><td></td><td>￥24 000.00</td><td></td><td>￥4 080.00</td></tr>
<tr><td colspan="2">价税合计(大写)</td><td colspan="7">⊗贰万捌仟零捌拾元整　　(小写)￥28 080.00</td></tr>
<tr><td rowspan="4">销货单位</td><td colspan="2">名　　称：鞍山市钢铁有限责任公司</td><td rowspan="4">备注</td><td colspan="5" rowspan="4"></td></tr>
<tr><td colspan="2">纳税人识别号：216953227246138</td></tr>
<tr><td colspan="2">地 址 、电 话：鞍山市太阳路 69 号 0412－22963711</td></tr>
<tr><td colspan="2">开户行及账号：工行鞍山市支行铁西办事处 2100889081010780809</td></tr>
</table>

收款人：　　复核：　　开票人：王虎　　销货单位：(章)

国税函[2009]649号 北京印钞厂

第三联 发票联 购货方记账凭证

收料单

2012 年 1 月 8 日　　编码：12015

<table>
<tr><td rowspan="2">材料编号</td><td rowspan="2">材料名称</td><td rowspan="2">规格</td><td rowspan="2">材质</td><td rowspan="2">单位</td><td colspan="2">数量</td><td rowspan="2">实际单价</td><td rowspan="2">材料金额</td><td rowspan="2">运费</td><td rowspan="2">(合计)
材料实际成本</td></tr>
<tr><td>发票</td><td>实收</td></tr>
<tr><td></td><td>圆钢</td><td></td><td></td><td>吨</td><td>6</td><td>6</td><td>4 000.00</td><td>24 000.00</td><td>0.00</td><td>24 000.00</td></tr>
<tr><td>供货单位</td><td>鞍山钢铁公司</td><td colspan="2">结算方法</td><td colspan="4"></td><td>合同号</td><td colspan="2"></td></tr>
<tr><td colspan="11">备注</td></tr>
</table>

②财务记账联

主管：史前方　　质量检验员：李新　　仓库验收：宋波　　经办人：赵军

业务 29 1 月 14 日，采购部赵军向长春市物资公司采购一批油漆。

2300220011 No.28902652

开票日期：2012 年 1 月 14 日

购货单位	名称：长春迅驰车床有限责任公司 纳税人识别号：220000112366005 地址、电话：长春市经开区吉林大路 1606 号 0431－84709018 开户行及账号：工行长春分行开发区支行 2210006908073320018	密码区	1＊522197>72-78-5>2315 3>6＊>1068<7953>＊2/＊-0 228502<-26>4＊40＊>><31 38>547>>>9472547＊78＊4	加密版本：01 1300051372 02995637

货物或应税劳务名称	规格型号	单位	数量	单价	金额	税率	税额
油漆		千克	100	4.00	400.00	17%	68.00
合计					￥400.00		￥68.00
价税合计（大写）	⊗肆佰陆拾捌元整				（小写）￥468.00		

销货单位	名称：长春市物资公司 纳税人识别号：820067122592605 地址、电话：长春市南关区平治街 6 号 0431－88425163 开户行及账号：工行长春分行平治街分理处 2200889081010078089	备注	

收款人： 复核： 开票人：赵旭 销货单位：（章）

国税函［2009］649号 北京印钞厂

第三联 发票联 购货方记账凭证

收料单

2012 年 1 月 14 日 编码：12016

材料编号	材料名称	规格	材质	单位	数量		实际单价	材料金额	运费	（合计）材料实际成本
					发票	实收				
	油漆			千克	100	100	4.00	400.00	0.00	400.00
供货单位	长春市物资公司	结算方法						合同号		
备注										

主管：史前方 质量检验员：李新 仓库验收：宋波 经办人：赵军

②财务记账联

中国工商银行
转账支票存根

VⅡ 00066447

附加信息：

出票日期：2012 年 1 月 14 日

收款人：长春市物资公司
金额：468.00
用途：支付购货款

单位主管：赵忠光　　会计：孙森

业务 30　1 月 18 日，采购部采购劳保用品，收到采购发票一张，货已入库，货款以转账方式支付。

吉林增值税专用发票

2300220011　　　　发 票 联　　　　No.80527528

开票日期：2012 年 1 月 18 日

国税函[2009]649号 北京印钞厂

购货单位	名　　称：长春迅驰车床有限责任公司 纳税人识别号：220000112366005 地 址 、电 话：长春市经开区吉林大路 1606 号 0431－84709018 开户行及账号：工行长春分行开发区支行 2210006908073320018	密码区	1＊522197>72-78-5>2315 3>6＊>1068<7953>＊2/＊-0 228502<-26>4＊40＊>><31 38>547>>>9472547＊78＊4	加密版本：01 1300051372 02995637

货物或应税劳务名称	规格型号	单位	数量	单价	金额	税率	税额
劳保鞋		双	50	32.50	1 625.00	17%	276.25
耐热手套		副	10	4.50	45.00		7.65
合计					￥1 670.00		￥283.90
价税合计(大写)	⊗壹仟玖佰伍拾叁元玖角整				(小写)￥1 953.90		

销货单位	名　　称：长春市劳保用品商店 纳税人识别号：862453176629811 地 址 、电 话：长春市南关区开源街 5 号 0431－88362517 开户行及账号：工行长春分行开源街办事处 2200889081010078089	备注	

收款人：　　复核：　　开票人：高山　　销货单位：(章)

第三联 发票联 购货方记账凭证

收料单

2012 年 1 月 18 日　　　编码:12017

材料编号	材料名称	规格	材质	单位	数量		实际单价	材料金额	运费	(合计)材料实际成本
					发票	实收				
	劳保鞋			双	50	50	32.50	1 625.00	0.00	1 625.00
供货单位	长春市物资公司		结算方法					合同号		
备注										

②财务记账联

主管:史丽方　　质量检验员:李新　　仓库验收:宋波　　经办人:赵军

收料单

2012 年 1 月 18 日　　　编码:12018

材料编号	材料名称	规格	材质	单位	数量		实际单价	材料金额	运费	(合计)材料实际成本
					发票	实收				
	耐热手套			副	10	10	4.50	45.00	0.00	45.00
供货单位	长春市物资公司		结算方法					合同号		
备注										

②财务记账联

主管:史丽方　　质量检验员:李新　　仓库验收:宋波　　经办人:赵军

中国工商银行
转账支票存根

V Ⅱ 00066448

附加信息:

出票日期:2012 年 1 月 18 日

收款人:长春市劳保用品商店
金额:1 953.90
用途:支付购货款

单位主管:赵忠光　　会计:孙森

业务 31　1 月 19 日，采购包装箱到货入库，货款未付。

收料单

2012 年 1 月 19 日　　编码：12019

材料编号	材料名称	规格	材质	单位	数量		实际单价	材料金额	运费	(合计)材料实际成本
					发票	实收				
	包装箱				70	70	380.00	26 600.00	0.00	26 600.00
供货单位	长春市木器厂		结算方法					合同号		
备注										

②财务记账联

主管：史前方　　质量检验员：李新　　仓库验收：宋波　　经办人：赵军

吉林增值税专用发票

2200220011　　发票联　　No.00527520

开票日期：2012 年 1 月 19 日

购货单位	名　　称：长春迅驰车床有限责任公司 纳税人识别号：220000112366005 地 址 、电 话：长春市经开区吉林大路 1606 号 0431—84709018 开户行及账号：工行长春分行开发区支行 2210006908073320018	密码区	1＊522197＞72-78-5＞2315 3＞6＊＞1068＜7953＞＊2/＊-0 228502＜-26＞4＊40＊＞＞＜31 38＞547＞＞＞9472547＊78＊4	加密版本：01 1300051372 02995637

货物或应税劳务名称	规格型号	单位	数量	单价	金额	税率	税额
包装箱		个	70	380.00	26 600.00	17%	4 522.00
合计					¥26 600.00		¥4 522.00
价税合计(大写)	⊗叁万壹仟壹佰贰拾贰元整				(小写)¥31 122.00		

销货单位	名　　称：长春市木器厂 纳税人识别号：181510004346921 地 址 、电 话：长春市双阳区珍珠街 3 号 0431—84535161 开户行及账号：工行长春支行前锋办事处 2200889081010018917	备注	

收款人：　　复核：　　开票人：杨颖　　销货单位：(章)

国税函［2009］649号 北京印钞厂

第三联 发票联 购货方记账凭证

业务32 1月20日，采购燃料煤到货入库，货款以转账支票支付。

收料单

2012年1月20日 编码：12020

材料编号	材料名称	规格	材质	单位	数量		实际单价	材料金额	运费	(合计)材料实际成本
					发票	实收				
	煤			吨	30	30	170.00	5 100.00	0.00	5 100.00
供货单位	抚顺煤矿		结算方法					合同号		
备注										

②财务记账联

主管：史前方 质量检验员：李新 仓库验收：宋波 经办人：赵军

公路、内河货物运输业统一发票

发 票 联

辽 发票代码：222000010012

开票日期：2012—1—20 宁 发票号码：07891002

机打代码 机打号码 机器编码	41303051110222542153	税控码	略
收货人及纳税人识别号	长春迅驰车床有限责任公司 220000112366005	承运人及纳税人识别号	抚顺申程物流有限公司 2200009064891
发货人及纳税人识别号	抚顺煤矿 562110101593629	主管税务机关及代码	抚顺市地方税务局铁北分局 2104043567887678

运输项目及金额		其他项目及金额		备注：(手写无效)
货物名称	煤	费用名称	金额	
数量(吨)	30	搬运装卸费用	0	起运地：抚顺
单位运价		仓储费	0	到达地：长春
计费里程		保险费	0	号牌：辽A65894
运费金额	744.00	其他	0	承运人盖章
运费合计	￥744.00	其他费用小计	￥0.00	
合计(大写)	人民币柒佰肆拾肆元整		(小写)￥744.00	

②发票联付款方记账凭证

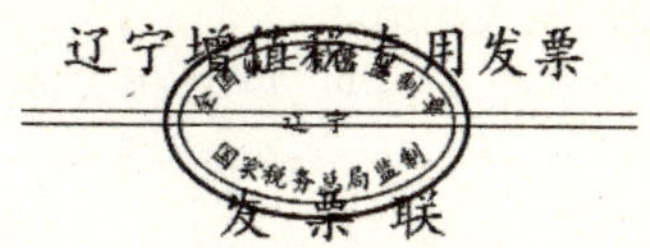

2200220011　　No.08905650

开票日期：2012 年 1 月 20 日

购货单位	名　称：长春迅驰车床有限责任公司 纳税人识别号：220000112366005 地址、电话：长春市经开区吉林大路 1606 号 0431－84709018 开户行及账号：工行长春分行开发区支行 2210006908073320018	密码区	1＊522197＞72-78-5＞2315 3＞6＊＞1068＜7953＞＊2/＊-0 228502＜-26＞4＊40＊＞＞＜31 38＞547＞＞＞9472547＊78＊4	加密版本：01 1300051372 02995637

货物或应税劳务名称	规格型号	单位	数量	单价	金额	税率	税额
煤		吨	30	170.00	5 100.00	17%	867.00
合计					¥5 100.00		¥867.00
价税合计（大写）	⊗伍仟玖佰陆拾柒元整				（小写）¥5 967.00		

销货单位	名　称：抚顺市煤矿 纳税人识别号：562110101593629 地址、电话：抚顺市花园街 10 号　0431－81800561 开户行及账号：工行抚顺市支行昌华办事处 2100889081010780809	备注	

收款人：　　复核：　　开票人：高峙　　销货单位：（章）

第三联 发票联 购货方记账凭证

国税函［2009］649号 北京印钞厂

中国工商银行
转账支票存根

V Ⅱ 00066449

附加信息：

出票日期：2012 年 1 月 20 日

收款人：抚顺市煤矿
金额：5 967.00
用途：支付购货款

单位主管：赵忠光　　会计：孙森

业务33 1月25日，采购部采购电机，已验收入库，货款未付。

2300220011

No.20527522

开票日期：2012年1月25日

购货单位	名称：长春迅驰车床有限责任公司 纳税人识别号：220000112366005 地址、电话：长春市经开区吉林大路1606号 0431—84709018 开户行及账号：工行长春分行开发区支行 2210006908073320018	密码区	1＊522197>72-78-5>2315 3>6＊>1068<7953>＊2/＊-0 228502<-26>4＊40＊>><31 38>547>>>9472547＊78＊4	加密版本：01 1300051372 02995637

货物或应税劳务名称	规格型号	单位	数量	单价	金额	税率	税额
电机	Y123M	台	50	1 440.00	72 000.00	17%	12 240.00
电机	AOB-25	台	100	260.00	26 000.00		4 420.00
合计					￥98 000.00		￥16 660.00
价税合计（大写）	⊗壹拾壹万肆仟陆佰陆拾元整				（小写）￥114 660.00		

销货单位	名称：长春市电器商店 纳税人识别号：706259228412568 地址、电话：长春市南关区珍珠街30号 0431—84841561 开户行及账号：工行长春分行广源办事处 2200889081010456120	备注	

收款人： 复核： 开票人：高华敏 销货单位：（章）

国税函［2009］649号 北京印钞厂

第三联 发票联 购货方记账凭证

收料单

2012年1月18日 编码：12021

材料编号	材料名称	规格	材质	单位	数量		实际单价	材料金额	运费	（合计）材料实际成本
					发票	实收				
	电机	Y123M		台	50	50	1 440	72 000	0.00	72 000
供货单位	长春市电器商店	结算方法						合同号		
备注										

主管：史莉方 质量检验员：李新 仓库验收：宋波 经办人：赵军

②财务记账联

收料单

2012年1月18日 编码：12022

材料编号	材料名称	规格	材质	单位	数量		实际单价	材料金额	运费	（合计）材料实际成本
					发票	实收				
	电机	AOB－25		台	100	100	260.00	26 000.00	0.00	26 000.00
供货单位	长春市电器商店	结算方法						合同号		
备注										

主管：史莉方 质量检验员：李新 仓库验收：宋波 经办人：赵军

②财务记账联

5. 库存业务

业务 34

领料单

领料部门：铸造车间　　2012 年 1 月 2 日　　第 001 号

材料编号	材料名称	规格	单位	请领数量	实发数量	计划价格	
						单价	金额
	生铁		吨	30	30	2 300.00	69 000.00
用途	凸轮轴仿形车床	领料部门		发料部门			
		负责人	领料人	核准人		发料人	
			王洪			赵亮	

②财务记账联

业务 35

领料单

领料部门：铸造车间　　2012 年 1 月 2 日　　第 002 号

材料编号	材料名称	规格	单位	请领数量	实发数量	计划价格	
						单价	金额
	煤		吨	10	10	180.00	1 800.00
用途	数控管螺纹车床	领料部门		发料部门			
		负责人	领料人	核准人		发料人	
			刘伟			张涛江	

②财务记账联

业务 36

领料单

领料部门：铸造车间　　2012 年 1 月 2 日　　第 003 号

材料编号	材料名称	规格	单位	请领数量	实发数量	计划价格	
						单价	金额
	焦炭		吨	15	15	470.00	7 050.00
用途	凸轮轴仿形车床	领料部门		发料部门			
		负责人	领料人	核准人		发料人	
			刘伟			张涛红	

②财务记账联

业务 37　2012 年 1 月 3 日，装配车间要装配生产 18 台凸轮轴仿形车床，到仓库进行配比领料。

业务 38

领料单

领料部门：机加车间　　2012 年 1 月 3 日　　第 004 号

材料编号	材料名称	规格	单位	请领数量	实发数量	计划价格	
						单价	金额
	圆钢		吨	15	15	3 000.00	45 000.00
用途	凸轮轴仿形车床	领料部门		发料部门			
		负责人	领料人	核准人		发料人	
			李立峰			宋波	

②财务记账联

业务 39

领料单

领料部门：机加车间　　2012 年 1 月 3 日　　第 005 号

材料编号	材料名称	规格	单位	请领数量	实发数量	计划价格	
						单价	金额
	润滑油		千克	40	40	4.00	160.00
用途	数控管螺纹车床	领料部门		发料部门			
		负责人	领料人	核准人		发料人	
			李立峰			王 力	

②财务记账联

业务 40 2012 年 1 月 15 日，装配车间要装配生产 9 台数控管螺纹车床，进行配比领料。

业务 41

领料单

领料部门：机修车间　　2012 年 1 月 25 日　　第 006 号

材料编号	材料名称	规格	单位	请领数量	实发数量	计划价格	
						单价	金额
	圆钢		吨	2	2	3 000.00	6 000.00
用途	检修车间设备	领料部门		发料部门			
		负责人	领料人	核准人		发料人	
			王文丽			李星星	

②财务记账联

业务 42

领料单

领料部门：总经理办公室　　2012 年 1 月 25 日　　第 007 号

材料编号	材料名称	规格	单位	请领数量	实发数量	计划价格	
						单价	金额
	工作服		套	3	3	35.90	107.70
用途	劳动保护用品	领料部门		发料部门			
		负责人	领料人	核准人		发料人	
			高华			李星星	

②财务记账联

业务 43

产品入库单

2012 年 1 月 16 日　　仓库：产成品库

产品编号	产品名称	计量单位	数量	单位成本	总成本	附注：
	凸轮轴仿形车床	台	5	24 000.00	120 000.00	装配车间完工入库
	数控管螺纹车床	台	12	16 500.00	198 000.00	
合　计			17		318 000.00	

二 财务留存

记账：　　保管：　　检验：　　制单：李立峰

业务 44

产品入库单

2012 年 1 月 30 日　　仓库：产成品库

产品编号	产品名称	计量单位	数量	单位成本	总成本	附注：
	凸轮轴仿形车床	台	10	24 000.00	240 000.00	装配车间完工入库
	数控管螺纹车床	台	8	16 500.00	132 000.00	
合　计			18		372 000.00	

二 财务留存

记账：　　保管：　　检验：　　制单：李立峰

业务 45

退料单

领料部门：装配车间　　2012年1月31日　　第1号

材料编号	材料名称	规格	单位	请退数量	实退数量	计划价格	
						单价	金额
	螺钉		盒	5	5	15.00	75.00
用途		领料部门		发料部门			
		负责人	领料人	核准人		发料人	
			李立峰			宋波	

②财务记账联

业务 46

财产清查报告单

2012年1月31日　　NO. 1201

类别	财产名称	单位	单价	账面数量	实物数量	盘盈		盘亏		盈亏原因
						数量	金额	数量	金额	
	包装袋	个	400.00	73	71			2	800.00	待查
合计				73	71			2	800.00	

第二联财务

财务：　　审批：　　主管：　　保管：　　制单：

6. 销售业务

业务47 1月1日，销售部签订销售订单，销售给长春市外贸公司数控管螺纹车床5台，销售单价22 500元，预计1月15日发货。

销售订单

部门：销售部　　2012年1月1日　　订单号：01

产品编号	产品名称	规格	计量单位	数量	单价	金额	税率	计划发货日期
	数控管螺纹车床		台	5	22 500	112 500.00	17%	2012－1－11
合计金额		131 625.00		销售单位			长春市外贸公司	

负责人：　　经手人：王　强

业务48 1月5日，销售给沈阳机电凸轮轴仿形车床3台，开出销售发票，代垫运费2 500元。货款尚未收到。

发货单

2012年1月5日　　仓库：产成品库

产品编号	产品名称	计量单位	数量	单位成本	总成本	附注：
	凸轮轴仿形车床	台	3			
合　计			3			

二 财务留存

记账：　　保管：　　检验：　　制单：

公路、内河货物运输业统一发票

发 票 联

长 发票代码：*222000010012*

开票日期：*2012－1－5*

春 发票号码：*07891002*

机打代码 机打号码 机器编码	41303051110200150125		税控码	略		
收货人及 纳税人识别号	沈阳机电公司 212515110672901		承运人及 纳税人识别号	长春佳运物流有限公司 2200009099004		
发货人及 纳税人识别号	长春迅驰车床有限责任公司 220000112366005		主管税务机关 及代码	长春市地方税务局经开分局 2104043567887678		
运输项目及金额	货物名称	车床	其他项目及金额	费用名称	金额	备注：(手写无效)
	数量(吨)	500		搬运装卸费用	0	起运地：长春
	单位运价			仓储费	0	到达地：沈阳
	计费里程			保险费	0	号牌：吉 AJQ529
	运费金额	2 500.00		其他	0	承运人盖章
运费合计	2 500.00		其他费用小计	0.00		
合计(大写)	人民币贰仟伍佰元整			(小写)2 500.00		

②发票联付款方记账凭证

吉林增值税专用发票

2200101170

No.01927602

发 票 联

开票日期：2012 年 1 月 5 日

购货单位	名 称：沈阳机电公司 纳税人识别号：212515110672901 地 址 、电 话：沈阳市和平区黄河大街 100 号 024－54188091 开户行及账号：工行沈阳分行新华办事处 210000110988800081	密码区	8<7953>＊2/＊-011＊522197 >3>6＊>10672-78-5>235 228502<-26>4＊40＊>><31 47>>>947254438>57＊78＊	加密版本：01 1300051372 02995637

货物或应税劳务名称	规格型号	单位	数量	单价	金额	税率	税额
凸轮轴仿形车床		台	3	42 300.00	126 900.00	17%	21 573.00
合计					￥126 900.00		￥21 573.00
价税合计(大写)	⊗拾肆万捌仟肆佰柒拾叁元整				(小写)￥148 473.00		

销货单位	名 称：长春迅驰车床有限责任公司 纳税人识别号：220000112366005 地 址 、电 话：长春市经开区吉林大路 1606 号 0431－84709018 开户行及账号：工行长春分行开发区支行 2210006908073320018	备注	

收款人： 复核： 开票人：张哲 销货单位：(章)

第一联记账联销货方记账凭证

国税函［2009］649号 北京印钞厂

业务49 1月10日，销售部同大连重型机械厂签订销售订单，销售凸轮轴仿形车床4台，销售单价40 000元，预计2月3日发货。

销售订单

部门：销售部　　2012年1月10日　　订单号：02

产品编号	产品名称	规格	计量单位	数量	单价	金额	税率	计划发货日期
	凸轮轴仿形车床		台	4	40 000	160 000.00	17%	2012－1－11
合计金额		187 200.00		销售单位			大连重型机械厂	

负责人：　　经手人：王强

业务50 1月12日，销售部收到吉林机电公司交来委托代销结算单，给对方开出销售发票。收到转账支票一张，送存银行。

吉林增值税专用发票

此联不作报销、扣税凭证使用

2200220011　　No.0527528

开票日期：2012年1月12日

国税函［2009］649号 北京印钞厂

购货单位	名称：吉林机电有限公司 纳税人识别号：220102123456789 地址、电话：长春市自由大路108号 0431－89123888 开户行及账号：工行长春分行自由支行 2200881208080019999	密码区	1＊522197>72-78-5>2315 3>6＊>1068<7953>＊2/＊-0 228502<-26>4＊40＊>><31 38>547>>>9472547＊78＊4	加密版本：01 1300051372 02995637

货物或应税劳务名称	规格型号	单位	数量	单价	金额	税率	税额
凸轮轴仿形车床		台	10	40 000.00	400 000.00	17%	68 000.00
合计					￥400 000.00		￥68 000.00
价税合计（大写）	⊗肆拾陆万捌仟元整				（小写）￥468 000.00		

销货单位	名称：长春迅驰车床有限责任公司 纳税人识别号：220000112366005 地址、电话：长春市经开区吉林大路1606号 0431－84709018 开户行及账号：工行长春分行开发区支行 2210006908073320018	备注	

第三联 发票联 购货方记账凭证

收款人：　　复核：　　开票人：　　销货单位：（章）

中国工商银行 进账单(收账通知) **3**

2012年1月12日

出票人	全称	吉林机电有限公司		收款人	全称	长春迅驰车床有限责任公司
	账号	2200881208080019999			账号	2210006908073320018
	开户银行	工行长春分行自由支行			开户银行	工行开发区支行
金额	人民币（大写）	肆拾陆万捌仟元整			千百十万千百十元角分	¥468000.00
票据种类	支票	票据张数	壹			
票据号码	Y9900889918					
复核： 记账：				收款人开户银行签章		

此联是开户银行交给收款人的收账通知

业务51 1月15日，销售给外贸公司数控车床5台，货款已收。

吉林增值税专用发票

发票联

2200101170 **No.00522524**

开票日期：2012年1月15日

购货单位	名称：长春市外贸公司 纳税人识别号：222515110864675 地址、电话：长春市宽城区青平大街28号 0431－88421161 开户行及账号：工行长春分行南广场支行 2200001109888993578			密码区	8<7953>＊2/＊-011＊522197 >3>6＊>10672-78-5>235 228502<-26>4＊40＊>><31 47>>>947254438>57＊78＊	加密版本：01 1300051372 02995637	
货物或应税劳务名称	规格型号	单位	数量	单价	金额	税率	税额
数控管螺纹车床		台	5	22 500.00	112 500.00	17%	19 125.00
合计					¥112 500.00		¥19 125.00
价税合计（大写）	⊗壹拾叁万壹仟陆佰贰拾伍元整				（小写）¥131 625.00		
销货单位	名称：长春迅驰车床有限责任公司 纳税人识别号：220000112366005 地址、电话：长春市经开区吉林大路1606号 0431－84709018 开户行及账号：工行长春分行开发区支行 2210006908073320018				备注		

收款人： 复核： 开票人：王强 销货单位：（章）

国税函[2009]649号 北京印钞厂

第一联 记账联 销货方记账凭证

发货单

2012 年 1 月 15 日　　　　仓库：产成品库

产品编号	产品名称	计量单位	数量	单位成本	总成本	附注：
	数控管螺纹车床	台	5			
合计			5			

二 财务留存

记账：　　保管：　　检验：　　制单：

中国工商银行　进账单（收账通知）　3

2012 年 1 月 15 日

出票人	全称	长春市外贸公司	收款人	全称	长春迅驰车床有限责任公司
	账号	2200001109888993578		账号	2210006908073320018
	开户银行	工行长春分行南广场支行		开户银行	工行开发区支行
金额	人民币（大写）	壹拾叁万壹仟陆佰贰拾伍元整		千百十万千百十元角分	￥13162500
票据种类	支票	票据张数	壹		
票据号码	Y9900227764				
复核：　记账：					收款人开户银行签章

此联是开户银行交给收款人的收账通知

四、期末业务处理

1. 完成各系统应在期末进行的业务处理。
2. 依顺序进行期末结账。
3. 编制本月会计报表。

五、输出业务结果的电子清单

利用软件输出功能把下列数据输出到“运行结果.xls”EXCEL 文件中。

1. 记账凭证列表。
2. 工资变动数据明细表。
3. 固定资产折旧清单。
4. 采购入库单列表。
5. 采购专用发票列表。
6. 销售出库单列表。
7. 销售专用发票列表。

六、备份账套

文件夹命名规则：班级－学号－姓名
例如：13401－01－肖刚

● 综合实训上交成果资料

1. 课程设计文稿。
2. 账套备份文件夹。
3. 运行结果.XLS文件。

附录 《课程设计文稿》撰写规范

● 封面:项目填写完整

设计题目:××××公司 ERP 系统实施规划设计方案

● 目录:写到三级标题

● 内容:

第一章 ERP 项目规划设计方案

一、方案概述

1. 方案背景

2. 方案目的

3. 方案适用范围

二、企业概况

1. 企业简介

2. 企业组织机构图

3. 企业管理水平及信息化现状

三、企业各部门业务现状调研

本部分内容已经在案例资料给出,此处参照案例资料只列出标题即可。

四、用友 ERP－T6 解决方案及初始化

1. 总体规划设计

(1)硬件配置方案

(2)软件配置方案

(3)整体业务处理流程图

(4)编码方案规则

(5)公共档案设置

2. 总账、报表解决方案及初始设计

(1)总账、报表预期功能目标

(2)总账、报表业务处理流程图

(3)总账参数设置

(4)总账档案设置

(5)总账期初余额表

3. 工资管理解决方案及初始设计

(1)工资预期功能目标

(2)工资业务处理流程图
(3)工资系统参数设置
(4)工资档案设置
(5)工资初始数据清单
4. 固定资产解决方案及初始设计
(1)固定资产预期功能目标
(2)固定资产业务处理流程图
(3)固定资产系统参数设置
(4)固定资产档案设置
(5)固定资产原始卡片清单
5. 供应链管理解决方案及初始设计
(1)供应链预期功能目标
(2)供应链业务处理流程图
(3)供应链各系统参数设置
(4)供应链基础档案设置
(5)供应链初始数据整理
①采购期初业务说明
②应付款期初业务说明
③销售期初业务说明
④应收款期初业务说明
⑤存货期初余额表

第二章 案例业务运行报告

一、建账基本信息

二、简述初始化过程和内容

三、概述日常业务处理

根据上机运行操作分系统简述业务处理的内容和过程。
1. 总账业务处理描述
2. 工资业务处理描述
3. 固定资产业务描述
4. 采购业务处理描述
5. 应付款业务处理描述
6. 销售业务处理描述
7. 应收款业务处理描述
8. 库存业务处理描述
9. 存货核算处理描述
10. 报表业务处理描述

四、期末业务处理过程和内容